心一堂術數古籍珍本叢刊

書名：《相法講義》《相理秘旨》合刊
系列：心一堂術數古籍珍本叢刊　相術類　第二輯　152
作者：韋千里、孟瘦梅
主編、責任編輯：陳劍聰
心一堂術數古籍珍本叢刊編校小組：陳劍聰　素聞　鄒偉才　虛白盧主

出版：心一堂有限公司
通訊地址：香港九龍旺角彌敦道六一〇號荷李活商業中心十八樓〇五—〇六室
深港讀者服務中心：中國深圳市羅湖區立新路六號羅湖商業大廈負一層〇〇八室
電話號碼：(852)67150840
網址：publish.sunyata.cc
電郵：sunyatabook@gmail.com
網店：http://book.sunyata.cc
淘寶店地址：https://shop210782774.taobao.com
微店地址：https://weidian.com/s/1212826297
臉書：https://www.facebook.com/sunyatabook
讀者論壇：http://bbs.sunyata.cc/

版次：二零一九年二月初版
平裝

定價：港幣　二百五十八元正
新台幣　九百九十八元正

國際書號：ISBN 978-988-8582-37-2

香港發行：香港聯合書刊物流有限公司
地址：香港新界大埔汀麗路36號中華商務印刷大廈3樓
電話號碼：(852)2150-2100
傳真號碼：(852)2407-3062
電郵：info@suplogistics.com.hk

台灣發行：秀威資訊科技股份有限公司
地址：台灣台北市內湖區瑞光路七十六巷六十五號一樓
電話號碼：+886-2-2796-3638
傳真號碼：+886-2-2796-1377
網絡書店：www.bodbooks.com.tw
台灣國家書店讀者服務中心：
地址：台灣台北市中山區松江路二〇九號一樓
電話號碼：+886-2-2518-0207
傳真號碼：+886-2-2518-0778
網絡書店：http://www.govbooks.com.tw

中國大陸發行　零售：深圳心一堂文化傳播有限公司
深圳地址：深圳市羅湖區立新路六號羅湖商業大廈負一層〇〇八室
電話號碼：(86)0755-82224934

心一堂微店二維碼

心一堂淘寶店二維碼

心一堂術數古籍 珍本整理 叢刊 總序

術數定義

術數，大概可謂以「推算（推演）、預測人（個人、群體、國家等）、事、物、自然現象、時間、空間方位等規律及氣數，並或通過種種『方術』，從而達致趨吉避凶或某種特定目的」之知識體系和方法。

術數類別

我國術數的內容類別，歷代不盡相同，例如《漢書・藝文志》中載，漢代術數有六類：天文、曆譜、五行、蓍龜、雜占、形法。至清代《四庫全書》，術數類則有：數學、占候、相宅相墓、占卜、命書、相書、陰陽五行、雜技術等，其他如《後漢書・方術部》、《藝文類聚・方術部》、《太平御覽・方術部》等，對於術數的分類，皆有差異。古代多把天文、曆譜、及部分數學均歸入術數類，而民間流行亦視傳統醫學作為術數的一環；此外，有些術數與宗教中的方術亦往往難以分開。現代民間則常將各種術數歸納為五大類別：命、卜、相、醫、山，通稱「五術」。

本叢刊在《四庫全書》的分類基礎上，將術數分為九大類別：占筮、星命、相術、堪輿、選擇、三式、讖諱、理數（陰陽五行）、雜術（其他）。而未收天文、曆譜、算術、宗教方術、醫學。

術數思想與發展——從術到學，乃至合道

我國術數是由上古的占星、卜筮、形法等術發展下來的。其中卜筮之術，是歷經夏商周三代而通過「龜卜、蓍筮」得出卜（筮）辭的一種預測（吉凶成敗）術，之後歸納並結集成書，此即現傳之《易

經》。經過春秋戰國至秦漢之際，受到當時諸子百家的影響、儒家的推崇，遂有《易傳》等的出現，原本是卜筮術書的《易經》，被提升及解讀成有包涵「天地之道（理）」之學。因此，《易・繫辭傳》曰：「易與天地準，故能彌綸天地之道。」

漢代以後，易學中的陰陽學說，與五行、九宮、干支、氣運、災變、律曆、卦氣、讖緯、天人感應說等相結合，形成易學中象數系統。而其他原與《易經》本來沒有關係的術數，如占星、形法、選擇，亦漸漸以易理（象數學說）為依歸。《四庫全書・易類小序》云：「術數之興，多在秦漢以後。要其旨，不出乎陰陽五行，生尅制化。實皆《易》之支派，傅以雜說耳。」至此，術數可謂已由「術」發展成「學」。

及至宋代，術數理論與理學中的河圖洛書、太極圖、邵雍先天之學及皇極經世等學說給合，通過術數以演繹理學中「天地中有一太極，萬物中各有一太極」（《朱子語類》）的思想。術數理論不單已發展至十分成熟，而且也從其學理中衍生一些新的方法或理論，如《梅花易數》、《河洛理數》等。

在傳統上，術數功能往往不止於僅僅作為趨吉避凶的方術，及「能彌綸天地之道」的學問，亦有其「修心養性」的功能，「與道合一」（修道）的內涵。《素問・上古天真論》：「上古之人，其知道者，法於陰陽，和於術數。」數之意義，不單是外在的算數、歷數、氣數，而是與理學中同等的「道」、「理」--心性的功能，北宋理氣家邵雍對此多有發揮：「聖人之心，是亦數也」、「萬化萬事生乎心」、「心為太極」。《觀物外篇》：「先天之學，心法也。……蓋天地萬物之理，盡在其中矣，心一而不分，則能應萬物。」反過來說，宋代的術數理論，受到當時理學、佛道及宋易影響，認為心性本質上是等同天地之太極。天地萬物氣數規律，能通過內觀自心而有所感知，即是內心也已具備有術數的推演及預測、感知能力；相傳是邵雍所創之《梅花易數》，便是在這樣的背景下誕生。

《易・文言傳》已有「積善之家，必有餘慶；積不善之家，必有餘殃」之說，至漢代流行的災變說及讖緯說，我國數千年來都認為天災，異常天象（自然現象），皆與一國或一地的施政者失德有關；下至家族、個人之盛衰，也都與一族一人之德行修養有關。因此，我國術數中除了吉凶盛衰理數之外，人心的德行修養，也是趨吉避凶的一個關鍵因素。

術數與宗教、修道

在這種思想之下，我國術數不單只是附屬於巫術或宗教行為的方術，又往往是一種宗教的修煉手段--通過術數，以知陰陽，乃至合陰陽（道）。「其知道者，法於陰陽，和於術數。」例如，「奇門遁甲」術中，即分為「術奇門」與「法奇門」兩大類。「法奇門」中有大量道教中符籙、手印、存想、內煉的內容，是道教內丹外法的一種重要外法修煉體系。甚至在雷法一系的修煉上，亦大量應用了術數內容。此外，相術、堪輿術中也有修煉望氣（氣的形狀、顏色）的方法；堪輿家除了選擇陰陽宅之吉凶外，也有道教中選擇適合修道環境（法、財、侶、地中的地）的方法，以至通過堪輿術觀察天地山川陰陽之氣，亦成為領悟陰陽金丹大道的一途。

易學體系以外的術數與的少數民族的術數

我國術數中，也有不用或不全用易理作為其理論依據的，如揚雄的《太玄》、司馬光的《潛虛》。也有一些占卜法、雜術不屬於《易經》系統，不過對後世影響較少而已。

外來宗教及少數民族中也有不少雖受漢文化影響（如陰陽、五行、二十八宿等學說。）但仍自成系統的術數，如古代的西夏、突厥、吐魯番等占卜及星占術，藏族中有多種藏傳佛教占卜術、苯教占卜術、擇吉術、推命術、相術等；北方少數民族有薩滿教占卜術；不少少數民族如水族、白族、布朗族、佤族、彝族、苗族等，皆有占雞（卦）草卜、雞蛋卜等術，納西族的占星術、占卜術，彝族畢摩的推命術、占卜術……等等，都是屬於《易經》體系以外的術數。相對上，外國傳入的術數以及其理論，對我國術數影響更大。

曆法、推步術與外來術數的影響

我國的術數與曆法的關係非常緊密。早期的術數中，很多是利用星宿或星宿組合的位置（如某星在某州或某宮某度）付予某種吉凶意義，并據之以推演，例如歲星（木星）、月將（某月太陽所躔之宮次）等。不過，由於不同的古代曆法推步的誤差及歲差的問題，若干年後，其術數所用之星辰的位置，已與真實星辰的位置不一樣了；此如歲星（木星），早期的曆法及術數以十二年為一周期（以應地支），與木星真實周期十一點八六年，每幾十年便錯一宮。後來術家又設一「太歲」的假想星體來解決，是歲星運行的相反，週期亦剛好是十二年。而術數中的神煞，很多即是根據太歲的位置而定。又如六壬術中的「月將」，原是立春節氣後太陽躔娵訾之次而稱作「登明亥將」，至宋代，因歲差的關係，要到雨水節氣後太陽才躔娵訾之次，當時沈括提出了修正，但明清時六壬術中「月將」仍然沿用宋代沈括修正的起法沒有再修正。

由於以真實星象周期的推步術是非常繁複，而且古代星象推步術本身亦有不少誤差，大多數術數除依曆書保留了太陽（節氣）、太陰（月相）的簡單宮次計算外，漸漸形成根據干支、日月等的各自起例，以起出其他具有不同含義的眾多假想星象及神煞系統。唐宋以後，我國絕大部分術數都主要沿用這一系統，也出現了不少完全脫離真實星象的術數，如《子平術》、《紫微斗數》、《鐵版神數》等。後來就連一些利用真實星辰位置的術數，如《七政四餘術》及選擇法中的《天星選擇》，也已與假想星象及神煞混合而使用了。

隨着古代外國曆（推步）、術數的傳入，如唐代傳入的印度曆法及術數，元代傳入的回回曆等，其中我國占星術便吸收了印度占星術中羅睺星、計都星等而形成四餘星，又通過阿拉伯占星術而吸收了其中來自希臘、巴比倫占星術的黃道十二宮、四大（四元素）學說（地、水、火、風），並與我國傳統的二十八宿、五行說、神煞系統並存而形成《七政四餘術》。此外，一些術數中的北斗星名，不用我國傳統的星名：天樞、天璇、天璣、天權、玉衡、開陽、搖光，而是使用來自印度梵文所譯的：貪狼、巨門、祿存、文曲，廉貞、武曲、破軍等，此明顯是受到唐代從印度傳入的曆法及占星術所影響。如星命術中的《紫微斗數》及堪輿術中的《撼龍經》等文獻中，其星皆用印度譯名。及至清初《時憲曆》，置閏之法則改用西法「定氣」。清代以後的術數，又作過不少的調整。

此外，我國相術中的面相術、手相術，唐宋之際受印度相術影響頗大，至民國初年，又通過翻譯歐西、日本的相術書籍而大量吸收歐西相術的內容，形成了現代我國坊間流行的新式相術。

陰陽學——術數在古代、官方管理及外國的影響

術數在古代社會中一直扮演着一個非常重要的角色，影響層面不單只是某一階層、某一職業、某一年齡的人，而是上自帝王，下至普通百姓，從出生到死亡，不論是生活上的小事如洗髮、出行等，大事如建房、入伙、出兵等，從個人、家族以至國家，從天文、氣象、地理到人事、軍事，從民俗、學術到宗教，都離不開術數的應用。我國最晚在唐代開始，已把以上術數之學，稱作陰陽（學），行術數者稱陰陽人。（敦煌文書、斯四三二七唐《師師漫語話》：「以下說陰陽人謾語話」，此說法後來傳入日本，今日本人稱行術數者為「陰陽師」）。一直到了清末，欽天監中負責陰陽術數的官員中，以及民間術數之士，仍名陰陽生。

古代政府的中欽天監（司天監），除了負責天文、曆法、輿地之外，亦精通其他如星占、選擇、堪輿等術數，除在皇室人員及朝庭中應用外，也定期頒行日書、修定術數，使民間對於天文、日曆用事吉凶及使用其他術數時，有所依從。

我國古代政府對官方及民間陰陽學及陰陽官員，從其內容、人員的選拔、培訓、認證、考核、律法監管等，都有制度。至明清兩代，其制度更為完善、嚴格。

宋代官學之中，課程中已有陰陽學及其考試的內容。（宋徽宗崇寧三年〔一一零四年〕崇寧算學令：「諸學生習……並曆算、三式、天文書。」「諸試……三式即射覆及預占三日陰陽風雨。天文即預

定一月或一季分野災祥，並以依經備草合問為通。」

金代司天臺，從民間「草澤人」（即民間習術數人士）考試選拔：「其試之制，以《宣明曆》試推步，及《婚書》、《地理新書》試合婚、安葬，並《易》筮法，六壬課、三命、五星之術。」（《金史》卷五十一・志第三十二・選舉一）

元代為進一步加強官方陰陽學對民間的影響、管理、控制及培育，除沿襲宋代、金代在司天監掌管陰陽學及中央的官學陰陽學課程之外，更在地方上增設陰陽學課程（《元史・選舉志一》：「世祖至元二十八年夏六月始置諸路陰陽學。」）地方上也設陰陽學教授員，培育及管轄地方陰陽人。（《元史・選舉志一》：「（元仁宗）延祐初，令陰陽人依儒醫例，於路、府、州設教授員，凡陰陽人皆管轄之，而上屬於太史焉。」）自此，民間的陰陽術士（陰陽人），被納入官方的管轄之下。

至明清兩代，陰陽學制度更為完善。中央欽天監掌管陰陽學，明代地方縣設陰陽學正術，各州設陰陽學典術，各縣設陰陽學訓術。陰陽人從地方陰陽學肆業或被選拔出來後，再送到欽天監考試。（《大明會典》卷二二三：「凡天下府州縣舉到陰陽人堪任正術等官者，俱從吏部送（欽天監），考中，送回選用；不中者發回原籍為民，原保官吏治罪。」）清代大致沿用明制，凡陰陽術數之流，悉歸中央欽天監及地方陰陽官員管理、培訓、認證。至今尚有「紹興府陰陽印」、「東光縣陰陽學記」等明代銅印，及某某縣某某之清代陰陽執照等傳世。

清代欽天監漏刻科對官員要求甚為嚴格。《大清會典》「國子監」規定：「凡算學之教，設肄業生。滿洲十有二人，蒙古、漢軍各六人，於各旗官學內考取。漢十有二人，於舉人、貢監生童內考取。附學生二十四人，由欽天監選送。教以天文演算法諸書，五年學業有成，舉人引見以欽天監博士用，貢監生童以天文生補用。」學生在官學肄業、貢監生肄業或考得舉人後，經過了五年對天文、算法、陰陽學的學習，其中精通陰陽術數者，會送往漏刻科。而在欽天監供職的官員，《大清會典則例》「欽天監」規定：「本監官生三年考核一次，術業精通者，保題升用。不及者，停其升轉，再加學習。如能黽勉供職，即予開復。仍不及者，降職一等，再令學習三年，能習熟者，准予開復，仍不能者，黜退。」除定期考核以定其升用降職外，《大清律例》中對陰陽術士不準確的推斷（妄言禍福）是要治罪的。《大清律例・一七八・術七・妄言禍福》：「凡陰陽術士，不許於大小文武官員之家妄言禍福，違者杖一百。其依經推算星命卜課，不在禁限。」大小文武官員延請的陰陽術士，自然是以欽天監漏刻科官員或地方陰陽官員為主。

官方陰陽學制度也影響鄰國如朝鮮、日本、越南等地，一直到了民國時期，鄰國仍然沿用着我國的多種術數。而我國的漢族術數，在古代甚至影響遍及西夏、突厥、吐蕃、阿拉伯、印度、東南亞諸國。

術數研究

術數在我國古代社會雖然影響深遠，「是傳統中國理念中的一門科學，從傳統的陰陽、五行、九宮、八卦、河圖、洛書等觀念作大自然的研究。……傳統中國的天文學、數學、煉丹術等，要到上世紀中葉始受世界學者肯定。可是，術數還未受到應得的注意。術數在傳統中國科技史、思想史，文化史、社會史，甚至軍事史都有一定的影響。……更進一步了解術數，我們將更能了解中國歷史的全貌。」（何丙郁《術數、天文與醫學中國科技史的新視野》，香港城市大學中國文化中心。）

可是術數至今一直不受正統學界所重視，加上術家藏秘自珍，又揚言天機不可洩漏，「（術數）乃吾國科學與哲學融貫而成一種學說，數千年來傳衍嬗變，或隱或現，全賴一二有心人為之繼續維繫，賴以不絕，其中確有學術上研究之價值，非徒癡人說夢，荒誕不經之謂也。其所以至今不能在科學中成立一種地位者，實有數因。蓋古代士大夫階級目醫卜星相為九流之學，多恥道之；而發明諸大師又故為惝恍迷離之辭，以待後人探索；間有一二賢者有所發明，亦秘莫如深，既恐洩天地之秘，復恐譏為旁門左道，始終不肯公開研究，成立一有系統說明之書籍，貽之後世。故居今日而欲研究此種學術，實一極困難之事。」（民國徐樂吾《子平真詮評註》，方重審序）

現存的術數古籍，除極少數是唐、宋、元的版本外，絕大多數是明、清兩代的版本。其內容也主要是明、清兩代流行的術數，唐宋或以前的術數及其書籍，大部分均已失傳，只能從史料記載、出土文獻、敦煌遺書中稍窺一鱗半爪。

術數版本

坊間術數古籍版本，大多是晚清書坊之翻刻本及民國書賈之重排本，其中豕亥魚魯，或任意增刪，往往文意全非，以至不能卒讀。現今不論是術數愛好者，還是民俗、史學、社會、文化、版本等學術研究者，要想得一常見術數書籍的善本、原版，已經非常困難，更遑論如稿本、鈔本、孤本等珍稀版本。在文獻不足及缺乏善本的情況下，要想對術數的源流、理法、及其影響，作全面深入的研究，幾不可能。

有見及此，本叢刊編校小組經多年努力及多方協助，在海內外搜羅了二十世紀六十年代以前漢文為主的術數類善本、珍本、鈔本、孤本、稿本、批校本等數百種，精選出其中最佳版本，分別輯入兩個系列：

一、心一堂術數古籍珍本叢刊

二、心一堂術數古籍整理叢刊

前者以最新數碼（數位）技術清理、修復珍本原本的版面，更正明顯的錯訛，部分善本更以原色彩色精印，務求更勝原本。并以每百多種珍本、一百二十冊為一輯，分輯出版，以饗讀者。

後者延請、稿約有關專家、學者，以善本、珍本等作底本，參以其他版本，古籍進行審定、校勘、注釋，務求打造一最善版本，方便現代人閱讀、理解、研究等之用。

限於編校小組的水平，版本選擇及考證、文字修正、提要內容等方面，恐有疏漏及舛誤之處，懇請方家不吝指正。

心一堂術數古籍 珍本 整理 叢刊編校小組

二零零九年七月序

二零一四年九月第三次修訂

相法講義

韋千里編著

相法講義

韋千里編著

韋氏命苑印行

序言

余既輯「命學講義，」「占卜講義」諸書。於星卜之學。略有闡述，問世以還，謬承讀者之贊許，惟五行生尅之理，陰陽消長之機，本乎術數，動靜變化，其幾也微，吝悔吉凶，其指也博，雖徵諸人事，應驗如響，然非好學深思之士，莫能究極其支奧，初學者，尤有毫釐千里，無所適從之憾，夫人海茫茫，品類萬異，秉賦不齊，有智愚賢不肖之別，遭遇不一，有窮通貴賤耆壽夭之殊，吾人欲知人論世，乘時立業，必先『以人爲鑑。』『以人爲鑑。』則論相之學尙矣，孔子曰，「視其所以，觀其所由，察其所安，人焉廋哉。人焉廋哉。」蓋吾人之聲音笑貌，舉止動作，蓄之於中者，必形之於外，察言觀色，情僞無所遁形，揆理度宜，成敗可以先覩，執此以相人，顧亦何往而不得哉，爰不揣譾陋，繼命課諸書殺青之後，續是成輯，參古今各家相籍之所載，本乎自然，徵乎人事，擷英去粕，條舉而比列之，命其名曰「相法講義」，學者誠能揣摩而簡練之，儻亦可免皮相之譏，而爲識人酬世之一助乎，是爲序。

民國壬午仲秋。韋千里謹識於春申寓次。

相法講義目次

相法講義

嘉興韋千里編

總論

未觀形貌，先相心田。（麻衣）

心在形先，形居心後。（神機）

貌，有形者也，心，無形者也，有形不可憑，而無形者可憑也，且有形者，恆因無形者，而與為轉移也、不然，骨何以能換，鬚何以可長，而陰騭紋又何從現面乎哉。（心相篇）

有心無相，相隨心生，有相無心，相隨心滅。（陳圖南）

古人形似獸，皆有大聖德，今人表似人，獸心焉可測，是賢不肖之殊，誠不以貌而以心也。（孟東野詩）

爾身不長，爾貌不揚，胡為將，胡為相，一點靈臺，丹青莫狀，是富貴貧賤之殊，亦誠不以貌而以心也。（裴晉公自贊云）

蓋貌之有形者，人相之相也，心之無形者，鬼神所相之相也，庶幾日省日修，以求不愧於鬼神之默相云耳。（心相篇）

骨格為一世之榮枯，氣色定行年之休咎。（神異賦）

少年取精神為富貴，老年以氣血為榮華，婦女取威嚴端正為上格，小兒三五歲為

嬰孩，相神氣，十二三歲爲童子，然後照大人相法。（柳莊）

擇交在眼，未有眼惡睛露而可交者，問貴在眼，未有目無神可大貴者，問富在鼻，未有鼻小準尖灶露，而大富者，問壽在神，未有神不足而長壽者。（麻衣）

問福在天庭，問祿在口，問名在耳，問子在人中。（水鏡集）

問收成結果，在作事始終，問後福在心田。（心相篇）

問智慧在皮毛，問苦樂在手足，（神異賦）

求全在聲，士農工商，聲亮必成，不亮

無終。（神相全編）

名在眉，職在鼻，計在口，俊在目，壽在耳，貴在額，福在背，富在腹。（袁柳莊雜論）

名譽視乎兩耳，及第在於雙眉。（通玄賦）

得意中面容悽慘，先富後貧，遭窘處顏貌溫和，蚤窮晚發。（神異賦）

粒穀必珍，富之本也，隻字必惜，貴之源也，小過必懲，德之根也，微命必護，壽之基也。（心相篇）

有一分精神，則有一分之福祿，有一日氣色，則有一日之吉凶。（管輅）

蜀人相眼，閩人相骨，浙人相清，淮人相重，宋人相口，江西人相色，魯人相軒昂，胡人相鼻，太原人相重厚，（神相全編）

南方人屬火，故相天庭，宜火旺爲有用，北方人屬水，相地閣，宜水旺爲妙，浙人乃屬金，金清方許榮身，閩人相脣口齒，閩地近海　乃唇齒之關也，河南相穩重，淮南人相厚實，北方人相軒昂，江南人相輕清，江北人不嫌重濁，徽州乃岳之峻地，故獨相眉，江西越尾相氣色，不以骨格爲念，但得各處之相，俱各得局，方爲可用，栢若不合，難許榮身。（柳莊相）

南不相天，又不相輕清，北不相顴，又不相重濁，東不相嘴，又不相色嫩，西不相腿，又不相老成。（識人賦）

南人似北必超羣，北人似南終飛騰，東人似西主聲名，西人似東主豐盈。（識賦人）

南人似北者，其相身肥面黑，北人似南者，其相體瘦氣清。（風鑒歌）

天倉青不可出行，年壽赤不可見官，印堂暗不可起造，地庫暗不可用人，面多光粉，不可交友，恐有大害。（袁柳莊）

九德可以修相，如容物，樂善，好施，進人，保常，不忌，勤身，愛物，白謙。

（郭宗林）

忠於君，孝於親，爲衆德之先，不得陽賞，必爲陰報，不在其身，必在子孫。（神相全編）

部位無虧，一生平穩，氣色有滯，終見凶迍，總之，凡相先觀部位，次聽其聲，再辨其色，更察形神，再觀乎骨肉，不可忽也。（神異賦）

頭

頭爲諸陽之會，面爲五行之宗，列百脈之靈居，通五臟之神路，惟三才之成象，定一身之得失。（神相全編）

五嶽四瀆，欲得相朝，三停五官，必須相配。（神相全編）

左顴爲東嶽泰山。（水鏡集）

額爲南嶽衡山。（水鏡集）

鼻爲中嶽嵩山。（水鏡集）

頦爲北嶽恆山。（水鏡集）

右顴爲西嶽華山。（水鏡集）

五嶽朝歸，今世錢財自旺。（神異賦）

中岳最要高隆，須得東西朝應，不隆峻則無勢，多反覆，也少壽，中岳陷而無勢，則四岳無主，雖四水相繞，不足取也，中岳尖薄，中年見破，若東西傾側無勢，亦主中年破敗，南要廣平高闊，少年有成，傾側，

不宜早當家，北要豐潤，老榮，若尖削，缺陷，末主無成，故曰，五岳朝拱，福自天來。（神相全編）

四瀆者，耳為江，目為河，口為淮，鼻為濟，江要潤而深，有重城之副，潔則聰明，家業不破，河要深長，黑白為清秀，聰明富貴，淮要方潤，上薄則不覆，下薄則不載，無晚福而少壽也，濟要豐隆，光潤圓正有收，不破不露，則家有積蓄。（神相全編）

三停者，自髮際至眉間，為上停，以應天，貴者必長而豐隆，方而廣潤，若尖狹缺陷主賤，及刑厄，防尅父母，自眉間至鼻，為中停，以應人，壽者必隆而直，峻而靜，若短促塌偏者，主不仁不義，不得兄弟妻子之力，更有中年破損之患也，自準下人中至頦為下停，以應地，富者必平而滿，端而厚，若長狹尖薄者，主貧苦，無田宅，老而艱辛也。（人象大成）

三停平等，一生衣祿無虧。（神異賦）

身上三停頭足腰，看他長短欲勻調，上停長者人多貴，長短無差福不饒。（神相全編）

五官者，耳為採聽官，眉為保壽官，眼為監察官，鼻為審辨官，口為出納官。（神相全編）

一官成十年貴顯，一府就十載富豐。（人倫大統賦）

如得五官俱成，其貴老終。（神相全編）

然亦當察其行之厚薄，而定相之厚薄也，如牆薄易坦，絹薄易裂，硯薄易穿，人薄易敗，理之必然。（麻衣相）

三才者，額爲天，潤而圓者貴，鼻爲人，旺而齊者壽，頦爲地，方而潤者富。（神相全編）

五星者，額爲火星，髮際高而豐滿廣潤者，有祿位，早有藝學，父母尊貴，尖陋多文理者，爲陷了火星，蹇於成名，早子難成，衣食平常，兄弟無情，損妻破財，鼻爲土星，須要準頭豐厚，兩孔不露，年上壽上平滿端正，不偏至額，其人土星入命，主有福祿壽，如歪或準尖露，主貧，爲人不正，右耳爲木星，左耳爲金星，貴在輪廓分明，紅白色瑩，大小門潤，生得端正，不反尖小薄，高於眉眼者，大貴，若反尖側窄爲陷，主損田宅，破財帛，無學識，口爲水星，唇紅方潤，人中深，口齒端正，爲官食祿，若唇掀齒耙口角垂，主貧賤。（神相全編）

六曜者，左眼爲太陽，光者福祿，右眼爲太陰，黑者有官，山根爲月孛，直者衣食，印堂爲紫氣，圓者有官，左眉爲羅睺，長

食天祿，右眉爲計都，齊有妻兒。（神相全編）

十二宮者，一命宮，居兩眉之間，山根之上，光明如鏡，學問皆通，山根平滿，乃主福壽，土星聳直拱印者富貴，眼分明者財旺，眉接交下賤，凹沉必定貧寒，亂理紋冲，離鄉剋妻，額窄眉枯，財源大耗，二財帛，鼻乃財星，截筒懸胆主富，聳直豐起財旺，富貴則中正不偏，貧破則尖峯鷹嘴，孔仰糧無宿，竈空無積財，三兄弟，眉爲兄弟，清長過目，三四無刑，眉秀而疎，枝幹端正，新月和遠超羣，粗短弟兄見別，眉還蹇眼，雁行必疎，兩樣眉毛，定然異母，交連黃薄，白喪他鄉，旋結回毛，兄弟蛇鼠，四田宅，位居兩眼，赤眼侵瞳，初破家園，到老無糧作孽，眼如點漆，終身產業榮華，鳳目高眉，置稅三州五縣，陰陽枯骨，功名不利，莫保田園，冰輪火眼，家財傾盡，五男女，在兩眼下，名曰淚堂，三陽平滿，兒孫福祿榮昌，隱隱臥蠶，子息還須清貴，淚堂深陷，定爲男女無緣，黑痣斜紋，到老兒孫有剋，口如吹火，獨坐蘭房，若是平滿人中，難得兒孫送老，六奴僕，位居地閣，重接水星，頦圓豐滿，侍立成羣，輔弼相朝，一呼百諾，口如四字，主呼聚喝散之權，地閣尖斜，受恩深而反成怨恨，絞紋敗陷，奴僕不周，牆壁低傾，恩成仇隙，七妻妾，位居魚尾，號曰奸門，光潤無紋，必保妻全四德，豐隆平滿，娶妻財帛盈箱，顴星侵天，因妻得祿，奸門深陷，常作新郎，魚尾交紋，妻防惡死，奸門黯黲，自號生離，黑痣斜紋，外情好而心多淫慾，八疾厄，位居山根，隆而豐滿，福祿無窮，連接伏犀，定主文貴，瑩光有彩，五福俱全，壽年高平，和鳴相守，紋痕低陷，連年速疾沉疴，枯骨尖斜者苦，氣如烟霧者災，九遷移，位居眉角，號曰天倉，豐盈隆滿，華彩無憂，魚尾位平，到老得人欽羨，騰騰驛馬，貴須游宦四方，額角低陷，到老住場難覓，眉連交接，此人破

祖離家，天地偏斜，十居九變，十官祿，位居中正，上合離宮，伏犀貫頂，一生不到訟庭，驛馬朝歸，官司退擾，光明瑩淨，顯達超羣，額角堂堂，犯着官司貴解，宮痕理破，常招橫事，眼如赤鯉，實死徒刑，十一福德，在天倉牽連地閣，福祿五星朝拱，五福天地相朝，頦圓額窄，須知苦在初年，額闊頤尖，迍否還從晚景，眉高目聳，尤且平平，眉壓耳掀，休言福德，十二相貌，先觀五嶽，次辨三停，盈滿此人富貴多榮，三停俱等，永保平生顯達，五嶽朝聳，官祿榮遷，行坐威嚴，為人尊重，額主初運，鼻管中年，地閣水星，是為末主，若有剋陷，斷為凶

惡。（神相全編）

四學堂者，眼爲官學堂，長而祕清，主有官職，天庭爲祿學堂，高方光澤，主貴壽，當門兩齒爲內學堂，周正明密，主忠信孝敬，耳門前爲外學堂，豐滿光潤主聰明，何爲八學堂，頭爲高明學堂，取平圓而有異骨，額爲高廣學堂，取四方而明潤，印堂爲光大學堂，取開爽圓滿，而無痕傷，眼爲明秀學堂，取黑白而有眞光，耳爲聞明學堂，取輪廓桃紅，色白如霜，口爲忠信學堂，取端方中正，唇厚丹砂，舌爲廣德學堂，取方長鋒刃，色紅紋透，眉爲班笋學堂，取高長細緊，而開爽有勢，亘爲濁中之清，人面雖則粗醜，若得神色有精，氣魄有威，四學無損，八學有精，雖濁亦爲濁中之清，人面雖取紅白，忌乎神氣嬌嫩無威，目雖取長正，忌乎露光而花媚，齒雖取齊白，忌乎欠明而無精，眉雖取高爽，忌乎粗短而色晦，口雖取潤大鮮紅，忌乎唇薄而口尖，此爲清中之濁也。（水鏡集）

兩目近天，不圓則日月暗，水星近地，不厚則甘泉無，然頭短者欲圓，頭長者欲方，貧乏則頭小頸長，不壽則頭偏額削，頭尖頸細，憂苦交加，方頸頭圓，財福並至，最忌兔頭鱉腦，其性轉浮。（神相全編）

燕頷虎頭，定登將相。（神異賦）

好頭不如好面，好面不如好身。（西岳先生）

天削者刑傷，地削者貧夭，（神相全編）

天庭高聳，少年富貴可期，地閣方圓，晚歲榮枯定取。（神相賦）

頭生異骨人爲貴，面若乾枯定是貧。（玉管訣）

艱辛，多面大鼻小。（神異賦）

不了，必面大頭尖。（神相全編）

男子頭垂，一心貪酷，面上生泡，妻子俱喪。（柳莊相）

窮則面薄無腮，刑必鼻尖首大，多學少成，必是有顴無面（水鏡集）

破家損子，定然面肉輕浮，（神相全編）

繃鼓難言壽。（驚人賦）

虛薄主夭。（神異賦）

反無勢，貧少幫扶。（神相全編）

鼻腫匾名爲奴卒。（水鏡集）

薄面瘦身肥，忌面肥身瘦。（神相全編）

面粗身細者，多趨利達，身粗面細者，少吉多凶。（燭膽經）

面白身黑，性易而賤，面黑身白，身難而貴。（神相全編）

身白面黃，不久守困，身黃白面，不久身榮。（柳莊相）

面似橘皮，終主貧苦，橫生面肉，其性必凶。（神異賦）

面上生瘤主窮，凡肉瘤紅色者佳，白色者不好，背上生瘤主富，然而不久。（柳莊相）

青變藍，陰險毒極，雀子斑，晦氣蹇難。（神相全編）

面若青瓜，堪誇賢哲，黃瓜面色，富貴榮華，皮厚者純富，皮薄者斂貧。（麻衣相）

焦枯似塵，貧下夭死、三拳之面，剋子

而窮。（神相全編）

面色之最喜者，白如凝脂，黑如漆光，黃如蒸栗，紫如絳繒，而神滿氣厚者，榮貴之資也，更有面如滿月，氣深色秀，而神彩射人者，謂之朝霞之面，男主公侯將相，女主后妃夫人，如其部位欹斜不正，傾側反勢，色嫩氣嬌，精浮神泛，赤暴如火，昏暗似泥，毛色茸茸，無風似有塵埃者，皆主貧夭也。（神相全編）

面上麻點亦主吉凶，麻內色暗而晦滯者，其氣濁，麻內色紫而盈面者，其氣秀，精實氣固麻色麗，氣散神衰麻色枯，有鐵面連鬚古怪之麻，取雙麻細緊入鬢而不斷，有

一、面龜紋大塊之痲，目有神光，眉有氣魄，有此丰采氣象，便成大器，痲之最要緊者眉也，凡滿面痲，兩眉秀長，而痲不侵斷者，爲濁中清，有二面黑痲，痲內紅黃有氣，口唇色鮮紅麗似花，爲痲有血氣，唇有精神，定多福壽，有面白而痲白者主夭，如面痲而紅若巽桃者，秀氣也，凡痲之滿面而無傷於眉，不攢於目，不破印，不繞鼻，不鎖口者，最難得也。（水鏡集）

頭方者頂高，則爲居尊天子，額方者頂起，則爲輔佐良臣，頭圓者富而有壽，額潤者貴亦堪誇。（神相全編）

額方而闊，初主榮華，額骨削偏，早年偃蹇。（神相賦）

額寬終是貴，額小沒田莊，額塌者少年虛耗，額低者刑剋愚頑，額門殺重者，早年困苦，頭側額窄者庶出之人，額大先妨父，頤尖母必亡，右陷損母，左陷損父，雙頂亦主損父，頂陷者主夭。（神相全編）

額有旋毛，額多亂紋，二者主過房。（柳莊相）

下長上短，始於憂勤，下短上長，終于逸樂。（燭膽經）

五長者，頭面身手足五者俱長，而骨貌豐隆，清秀滋潤者善也，如骨枯筋露，乃屬賤相，或有手長足短主富貴，手短足長主貧

賤。（神相全編）

五短者，頭面身手足俱短，要骨肉細滑，印堂明潤，主公卿，如骨肉粗惡，五嶽傾陷者，主下賤，上長下短主富貴，上短下長居貧下也。（神相全編）

五露者，眼突促壽，耳反無知識，鼻仰主路死，唇掀惡死，結喉惡死，五露俱全福祿綿綿。（神相全編）

一露二露，有衫無褲，露不至五，貧夭孤苦。（神相全編）

然有五露全而賤者，如目露無神，鼻露無準，口露齒乾黃，耳露無輪廓，聲露無音，亦有一露二露而貴者，如目露內有真光而藏秀，鼻露準必瑩潤而藏收，耳露必輪廓完全而有珠，口露必齒如含玉而齊固，聲露必條達而音清，兼之色露而不露氣，威露而不露神，乃貴相非賤格也，又有眉骨高而無眉，顴骨高而無髩，口濶大而無鬚，皆爲露也，俱主貧賤。（水鏡集）

五小者，頭眼腹耳口俱小，端正無缺陷者主貴，其三四小，一二大者，屬貧賤之相也。（神相全編）

八大者，眼雖大昏且濁，鼻雖大梁柱低，口雖大垂兩角，耳雖大門孔薄，額雖大骨無着，聲雖大破且悲，面雖大塵且翳，身雖大舉止危，以上八大，苟有如此，缺一不應，

則反主貧賤也。（神相全編）

八小者，眼雖小，俊秀且長，鼻雖小梁且柱，口雖小稜且方，耳雖小堅且圓，額雖小平且正，聲雖小宮且商，面雖小淸且朝，身雖小停且齊，以上八小，苟有如此，端美相並，反爲富貴也。（神相全編）

六極者，頭小爲一極，不得上天力，額小爲二極，不得父母力，目小爲三極，無有廣識，鼻小爲四極，農作無體息，口小爲五極，無有盛衣食，耳小爲六極，壽命促朝夕。（分攱經）

倘頭小方平，額小圓正，目小精明，鼻小柱成，口小媚生，耳小有輪，亦主聰明衣食。（分攱經）

十大空亡者，額尖綳鼓爲天空，主孤刑父母，五十前不吉，頦削爲地空，主晚孤寒，天倉陷爲一空，主破祖祿淺，面無城廓爲一空，主無成無壽無祖業，山根陷爲一空，主離祖親疎，風門露爲一空，家散親疎，破祖離妻，鬚不過唇爲一空，主費力朋疎，財散子孤，耳無弦爲一空，主破祖無居，財耗無結果，唇無鬚爲一空，主賤孤晚苦。（神相全編）

五行相生者，如耳爲輪珠鼻爲梁，此金水相生主吉，眼明兼耳多神氣，非貴卽富，口方鼻直，此金土相生主貴，唇紅眼黑，爲木生火，主志氣足財，舌長唇正爲火生土，

主中年發福，眉秀眼長主貴。（神相全編）

五行相剋者，如耳大唇薄爲土剋水主貧，唇大耳薄亦主貧，鼻大眼小爲金剋木主孤貧，眼大耳小主夭，舌小口大爲水剋火主孤，耳小鼻蠢，貪惡多災，舌大鼻小爲火剋金主財破，鼻大舌小主苦貧孤，眼大唇小爲木剋土主貧，唇大眼小主賤，死無墓。（神相全編）

其有美惡相雜，如頭雖圓，折腰枝，額雖廣，尖却頤，骨雖峻，皮却粗，耳雖厚，梁柱低，髮雖黑，粗且濃，眼雖長眉且促背雖豐，手如枝，胸雖闊，背成坑，舌雖紅，口如吹，唇雖方，齒不齊，腰雖厚，行如馳，脚雖厚，粗無紋，身雖大，聲音細，面雖白，色粗黑，肉雖豐，喉却結，面雖短，眼却長，氣雖淸，行步攲，語雖和，人似癡，色雖明，視東西，坐雖正，食淋漓，以上二十種，皆有美惡相雜，若此相者，或富則夭，或貧則壽，或貴則貧，或先富而後貧，或先貴而後賤，宜精思而裁之也，（神相全編）

又有太陰人乃貪而不仁，少陰人乃小貪心，太陽人乃心慈行善而無悔，少陽人乃好外交陰，陽平和人，乃人靜而謙也，（水鏡集）

耳

耳為腎竅，腎衰則耳不聽，腎敗則耳輪枯黑，（廣鑒集）

其運左七年右七年，從男左女右而行，耳不論大小，要輪廓分明，喜白過面，對面不見，輪厚廓堅，紅潤姿色，內有長毫，風門寬大，高眉一寸，及水，土，金，牛，員棋，貼腦耳，六者，皆採聽官成也，（神相全編）

設或木，火，鼠，猪，四耳，輪飛廓反，及低小軟弱者，此採聽官不成也，不利少年，損六親，（神相全編）

耳生貫腦，而通心胸，為心之司，腎之候也，腎旺清聽，腎虛昏濁，所以聲擧性行也，（神相全編）

厚而堅，聳而長者主壽及祿，兩耳垂肩者主貴，高眉一寸主不貧，（萬金相法）

耳能齊日角大貴，又主壽，才智過人，（許負）

耳高過眉，謂之君上臣下，聰明富貴，少病長壽，（郭林宗）

貼肉者主富足，（神相全編）

對面不見耳，問是誰家子。（大清神鑑）

貼肉垂珠紅潤，財祿亨通，（神相全編）

厚大垂肩極貴，天年過八十方終，（廣鑒集）

色鮮瑩白，歐陽修天下名聲。（袖裏經）
耳白如霜，張齊賢忠正立朝。（水鏡）
白如面，及棋子者主名振。（神相全編）
老來耳白主子貴，耳若無邊，倒有八旬之壽，子勝孫榮，上有邊者亦爲反。（柳莊相）
輪郭分明，垂珠朝口者主財壽。（萬金相法）
輪廓桃花，性最玲瓏。（神相全編）
輪上黑子主聰明，大痣在耳內主長壽。（萬金相法）
又黑子生貴子。（神相全編）
耳根黑子，客死他鄉。（神異相）

大紅潤主官，白主名望，明潤主名遠，赤黑主貧賤。
麤粗焦黑主貧愚。（神相全編）
耳門如墨，二十之客。（大清神鑒）
門濶主智遠，內生毛主壽，無哭事。（神相全編）
耳爲祿堂，昏暗者，亦難決其登第。（水鏡集）
薄向前，主賣盡田園。（神相全編）
薄如紙，主貧苦，（大統賦）
薄如紙，女剋夫，（神相全編）
耳薄無根者夭，（神相全編）
女耳無稜，額削骨粗者，多主爲妾，（

柳莊相）

鼠耳主貧夭。（神相全編）

反偏主無屋，（水鏡集）

耳反主祖業難招，（五總龜）

箭羽主貧賤，尖小主孤窮，（神相全編）

上尖多殺，下尖不良。（麻衣相）

左耳缺先損父，右耳缺先損母，（水鏡集）

左右廢缺，雙親並損，及主離祖，（萬金相法）

兩耳大小主迍害，（神相全編）

耳大小，主外家養大之人，（柳莊相）

耳低于眉，謂之偏堂降地，主破祖，弟兄少，自不利，（水鏡集）

命門容鍼愚頑而夭，（神相全編）

命門容鍼，又主家無一金，（洞中經）

耳內青，忌血疾，（柳莊相）

皮粗青黑而乾，主走他鄉。（郭林宗）

皮粗青黑而乾，又主腎衰不久。（廣鑑集）

耳前命門火厄，作事有始無終。（萬金相法）

輪爲城，內爲廓，城兜廓吉，廓兜城凶，（大清神鑒）無輪兼反薄，一至十五歲妨尅破祖，如長大主孤貧夭也。（神相全編）

耳輪反露足破田園。（羅眞八）

耳顯三珠，左定嗣，右定妻，一日白珠，耳尖上貴，陰亦同，二綵紅珠，右耳中生一珠一子，二珠五子，陰亦同，其珠如粟米大圓者應，如綠豆大圓者少應，氣色瑩白紅潤貴而吉，黃者病，靑者腎衰，黑燥者腎喪，忽輪上紅色如火炎者，七日內防口舌破財，或暴焦色慘靑色，其壽不永也。（萬金相法）

再考五行輪耳，金形取瑩白端方，木形取瘦長堅直，水形取圓滿貼肉，火形取尖長高露，土形取厚大珠垂，皆爲合格，其中又有生尅之理，如木形火耳，爲木火通明之象，主早發官星，金形火耳，主早年刑傷，金形水耳，爲金水相生，主大財名聲，火形水耳，爲水尅火主貧夭，土形木耳爲息氣，主幼歲迍邅，水形耳反，爲江水泛濫，多刑多敗，（水鏡集）然賤人有貴耳，而貴人竟無貴耳，（麻衣相）

只因耳爲孩運，不足爲憑也，（水鏡集）

眉

眉主蚤成，鬚乃晚就，（水鏡集）

肝血虧者眉先白，喜淸高細秀灣長，，宜濃細過目，尾拂天倉不散，主有伎量，早年富貴，細緊有彩，層層伏起，主聰明機巧福壽，父子皆貴，老年眉翠，此保壽官成也，若粗濃黃淡薄，散亂低壓，逆豎短硬，濃如潑墨，散落疎禿，老主刑傷破敗，此保壽官不成也，（神相全編）

夫眉者媚也，爲兩目之華蓋，一面之壽表，且謂目之英華，故可分賢愚之別也，（水鏡集）

眉欲疎而秀，平而闊，直而長，主聰明高居額上主大貴，過目主大富，有彩者賢，毫白者超羣。（神相全編）

快樂無窮，只因眉生額角，多愁常慮，皆爲眉蹙印堂。（水鏡集）

清秀彎如月樣，運中可許折柱。（廣鑒集）

印堂雙分入鬢，交時卿相何疑。（神相全編）

朝中無交眉宰相。（廣鑒集）

眉心有赤脈，女主貴，男主富。（柳莊相）

十字高品（眉間印堂紋如十字）天文大亨。（大統賦）

如元字紋者亦然。（神相全編）

作坤字者，祿二千石。（大統賦）

成土字者，將百萬兵。（大統賦）

或如魚鳥紋形者，主大將。（人象大

成）

若印堂中紋如水鳥者，主紆朱曳紫之官。（人倫大統賦）

倘紋如玉田字者，主列土分茅之貴。（人倫大統賦）

眉濃稠密，爲虎眉，主一生少快，至運淹滯。（萬金相法）

粗而濃，逆而亂，短而蹙者，主性多兇頑，短不覆眼者，主孤貧。（神相全編）

短不及目者貧賤。（人倫大統賦）

短不及目者，難爲兄弟，即有終不靠也。（廣鑒集）

眉眼相連不斷，運至災危。（廣鑒集）

蹙者主窮苦，愁者孤，粗者惡，斜而卓者性豪。（神相全編）

眉卓如刀，陣亡兵死。（神異賦）

中心直斷惠性少，兩頭高仰壯氣橫。（張行簡）

頭起尾低者性懦，眉垂多爲僧道。（神相全編）

眉垂耳低，主偏生庶出，相連低陷，主運至災厄，眉尾開花，主運不通及蹇滯。（柳莊相）

眉頭有旋紋者，主爭鬭，然有左旋紋損父，右旋紋損母，橫直者，左剋子右損妻，二十八至三十歲大不利。（神相全編）

直者刑妻又剋兒，（金鎖賦）

直者，主橫夭。（人倫大統賦）

豎毛主好鬬貪殺。（廣鑒集）

逆毛主剋妻，女主妨夫。（神相全編）

曲毛生毫朝上，主剋子剋妻。（柳莊相）

眉散髩禿，老見孤單。（神相全編）

尾散者，貧財難聚，頭交者，身命早傾。（人倫大統賦）

頭交主貧賤，剋弟兄，或不得兄弟力。（神相全編）

命宮交鎖難保壽。（通仙錄）

後曲主兒孫淫，又灣曲主淫。（神相全編）

曲者多學又聰明。（金鎖賦）

缺者奸，如無者多狡佞（麻衣相）

髩厚無眉，顴高無眉，鬚濃無眉，面大無眉，鼻高無鼻，五者皆孤獨之相也，主一生多成多敗。（水鏡集）

眉間上下生白泡，主招花酒亡身。（柳莊相）

中有黑子，主聰明而賢，然左尾痣主奸賊，

黑子眉中生，初主水厄。（神相全編）

黑子眉中生，又主陰人口舌。（柳莊相）

如眉頭生子，主性剛，眉上生子貴，眉稜骨高露，主粗鹵惡災，知進而不知退，自

强自勝，作事不應。（神相全編）

狠愎者，低凹眉骨，狂狷者，陡高眉稜（張行簡）

兩樣眉毛，定須異母。（柳莊相）

左眉高，右眉低，父在母先歸，左眉上，右眉下，父亡母再嫁。（神相全編）

眉細主得陰人財帛，眉輕口濶，常招水驚，眉生毛，主外家養大之人。（柳莊相）

晚年毛長者主壽，眉中忽然生毫長，二十生三十死，四十生主壽，若四十之上忽生一毫者，亦主三年內遇貴。（萬金相法）

眉與目同等，兄弟一二，眉長過目，兄弟五六，眉如掃箒，兄弟八九，短不及目，卽有非同胞。（萬金相法）

眉後一旋主兄弟二，二旋主二三，三旋主四五，濃潤無疎六七，旋螺必執旗鎗，眉上氣色忽然白者主哭服，忽然紅者，主三日七日有口舌官訟，黃明入華蓋，不日近遠喜信入宅，又主出入吉。（神相全編）

再辨眉之有彩，然平等富貴不能有也，如堯眉有八彩，中峯大師眉有五彩，古老眉有伏彩，東方曼倩眉有紫彩，故論眉之有彩者，相中難得，僧道得之，必爲祖師，業儒得之，居官極品，庸人得之，必享子孫榮祿，眉若有彩，便是耳目鼻口露，而諸部不稱，亦可鎮定一生之凶危矣，眉之彩毫頭不粗，細緊不放，非紫卽綠，令有一種可愛之處，其色紺翠而濃中細發，層層起伏而媚秀也，如再加唇如丹砂，目如曉星，主官居極品，老年更見榮華也。（陳希夷）

印堂

印堂者，一面之明堂也，上應福堂武庫邊地之祿位，下拱金馬玉堂顴耀之台星，故印堂潤，天庭廣，日月角開，眉目得其舒展，兩顴得其有印，天庭高爽，印堂平潤，土星直貫疎中，蘭廷準頭朝拱，可掌八方之印綬，印堂傾陷，額角尖塌，眉頭交鎖，腮短少髯

，定主多業多敗，常慮常憂，印堂側而山根斷，魚尾低而倉庫陷，妻子難爲，印堂寬廣，兩目秀長，定應功名顯達，印潤顴開，呼聚喝散之權柄，伏犀骨貫入印堂，鼎甲傳臚之士，懸針紋川山破嶺，遭刑犯法之徒，天庭壁牆皆方，印堂圓滿，主早有騰昇，印堂大忌紋沖痣破，主一生破敗刑傷，印堂又爲紫氣星，一身氣之聚處，福堂，印堂，準頭，三光氣運明亮，定主名利兩通，故吉凶未至，其氣先從此地而發，此地而退也。（水鏡集）

目

目爲肝竅，肝得血而能視，肝絕則戴眼魚目，（醫書）

兩目共管六年，三十五至四十歲，眼要黑白分明，如鳳，象，獅，麟，虎，龍，猴，鶴，眼八者，皆有眞光，而神藏不露，黑如漆，白如玉，波長射目，主有大顯功名，此監察官成也，又有牛眼多壽，孔雀鴛鴦亦可主富，若蛇，蜂，羊，鼠，魚，馬，雞，豬，火輪，四白，等眼，兼神光太露，昏昧不淸，主愚頑兇敗之相，此監察官不成也。（水鏡集）

天地之大，託日月而爲明，一身之榮，託兩目爲光，日月，能照萬物，兩目能知萬情，左爲日，父象也，右爲月，母象也。（神相全編）

眼喜長而深，光而潤，主貴。（麻衣相）

黑白分明，睛光朗照，爲星辰俱順，主大富貴，（水鏡集）

含藏神，灼然有光者主富貴，（麻衣）

秀長主近帝，細深長主壽，兼性隱僻，黑如漆能文（神相全編）

眼中有痣主聰明，目有重瞳，有帝王之象。（水鏡集）

神定神全主高官，眼長一寸主封侯伯，眼下臥贊主子貴。（神相全編）

睛如點漆，三十後五年可貴。（廣鑒

集）

目如曉星，四海皆聞。（水鏡集）

清淨光明爲福壽。（水鏡集）

視瞻平正，爲人剛介平心。（神異賦）

大而凸，圓而怒，主促壽。（麻衣相）

眼不轉睛，及上下左右視者，主做賊。（柳莊相）

圓小短深，其相不善，凸暴流視者，主淫盜，乜然偏視者，邪，赤縷貫睛者惡，赤痕侵睛防官事，目赤瞳黃少六親，而又主夭凶，或病剋妻，浮而露睛者夭，短小主愚賤，卓起主性急，偷視主淫蕩。（神相全編）

黃潤定至於黃髮，白乾終至於白丁，神陷主壽短，睛凸主極刑。（人倫大統賦）

眼大露光犯刑死，眼大多招陰人口舌，男女睛黃多燥急，再露犯刑，眼大小主懼內。（柳莊相）

左小主長男，兼怕婦。（麻衣相）

右小女怕夫。（水鏡集）

目紅語結，好色無窮，眼邊生泡，主子女多淫，忽然眼垂下視主死。（柳莊相）

目尾相垂夫妻離，目頭破缺主破家，目露四白主陣滅，黑少白多主奔波，上白多必奸，下白多必刑，偷觀知淺多疑，三角深藏毒害。（神相全編）

女子三角，剋夫如劍。（大統賦）

眼光如水，男女多淫，眼不哭而淚汪汪，心不愁而眉縮縮，早無刑尅，老見孤單。（神異賦）

轉動不定，心有疑慮，兩眼浮光，雙輪噴火，凶惡盜奸之輩，下視者，心有感思，上視者勿與交游，眼上視，其心必高，目如臥弓，作事奸雄，目善必慈，眼豎性剛。（神相全編）

眼突主災迍，眼露亦心露，眼大不浮露，多工藝業。（月波洞中經）

昏暗流露主貧夭。（水鏡集）

斜視必妬。（神相全編）

一主慳吝而口腹不應。（神相全編）

相法講義日

斜盼者，人遭其毒，癡視者，自剋其形。（人倫大統賦）

子孫宮宜豐滿，在兩眼之間。（麻衣相）

婦人貌重，必黑白分明，目深剋夫少子力，兼塵蒙貧死他鄉，眼中黑子女多奸，黑子生在眼泡上主竊，眼下者妨害，三陰三陽忽然生黑氣，深者二五日，淺者二七日，主家宅不寧，多是非，紅主火災，眼下青口舌，赤官災，黑破耗，黃明吉，陰人目下青主喪夫，赤主產厄，眼尾色瑩白光潤，主夫增財祿。（神相全編）

更有睡眼神濁而如睡，驚眼神怯而如驚，皆主夭壽，醉眼神昏而不醒，須防服毒，病眼神昏而如疾，壽已近期，眦圓者，其機深於城域，堂露者，乃子是乎螟蛉，人之神在目，夜則神寤於心，晝則神遊於目，欲察神氣虛實，心術美惡，必當先視其目，故視其外者，則知其內。（人倫大統賦）

所以眼明則神清，眼昏則神濁，清則貴，濁則賤，人有一分神，一分衣祿，十分神十分衣祿，無神者不貧則夭，眼有瞟視，亦有近視，二者有聰明而貴，有凶惡而賤，先取神，次取形，可辨其貴賤矣。（水鏡集）

辨眼神有七法，如藏不晦，安不愚，發不露，清不枯，和不弱，怒不爭，剛不孤者，眞大人之相也，倘藏而晦，安而愚，發而露，清而枯，和而弱，怒而爭，剛而孤者，是小人之相也。（水鏡集）

所以貴人有貴眼，而賤人無貴眼也，書云要知心裏事，但看眼神清，眼乃心之門戶，觀其眼之善惡，可知心事之好歹，其心正則眸子瞭焉，其心不正則眸眊焉。（神相全編）

此外又有目如鸞鳳，必定高官。（水鏡集）

龍目鳳睛，三台位列。（人倫大統賦）

如鯽魚者家肥。（神相全編）

睛如魚目，速死之期。（神異賦）

羊眼主孤狠。（神相全編）

羊眼主招禍。（人倫大統賦）

犬眼荒淫。（人倫大統賦）

鵝鴨之眼不善終。（人倫大統賦）

然鵝眼一主福壽。（神相全編）

鷄蛇鼠三目，主盜竊貪淫。（月波洞中經）

鷄、蛇、鼠、三目、主賤。（人倫大統賦）

猴目主賤。（人倫大統賦）

然猴目又主富貴。（神相全編）

豕視心圓而無定，狠顧性狠而難明。（人倫大統賦）

龜眼牛眼多福壽，象眼鶴眼主富貴。

（神相全篇）

顴

顴者權也，印者印也，顴高印滿，必有呼聚喝散之威，低陷無勢，當權反覆，顴有關鎖，自能起家，若低尖無關不鎖，衣食缺破，雙權插天，兩目有威，更有威權，萬人皈依，顴高鼻豐地閣朝，中年享用到老，顴高頤削，作事難明，晚歲伶仃，獨顴無面，中年敗業，有面無顴，爲人少力，顴起鼻高頤又豐、晚歲更多錢益，顴高鬢疎，老見孤單，顴高插天，目長印滿，面起重城，貴享八方之拱，顴高勢强，若目大睛渾，印陷眉低，又爲文星失陷，印綬無根，但得貴人之權力，非貴器也，顴高鼻陷，多成多敗　鼻高顴拱主多幫助，鬚清鬢秀，必得貴人之力。（水鏡集）

左顴青出父先死，不死不刑便自傷。（銀匙歌）

女子顴高，必奪夫權，顴高如峯，破殺三夫，紫氣侵顴主大吉，黃氣插鬢功名至，青氣侵顴，兄弟口舌，白氣繞顴，兄弟防厄。（水鏡集）

鼻

鼻爲肺竅，肺有邪則鼻塞，肺氣絕則鼻

煽鼻煤。（醫經）

屬土，爲土星，乃三才之總路。（水鏡集）

鼻管十年，取梁準豐隆，聳直有肉，伏犀，龍，虎，獅，牛，胡羊，截筒，盛囊，懸膽，端正不歪偏，不麤小，上下兩邊朝拱，爲審辨官成也。（神相全編）

若狗鼻，鯽魚，鷹嘴，劍峰，反吟，復吟，三曲，三彎，露孔，仰灶，扁弱，露脊，露骨，太高孤峰，太大空浮，主貧苦無成，奸貪刑惡，準紅準黑，定主敗家，此審辨官不成也。（神相全篇）

鼻乃一面之主，爲五嶽中之中嶽，四瀆

中之濟瀆，五星之財星，爲中央戊己土，又爲肺之靈苗也，上爲山根，中爲年壽，下爲準頭，蘭廷相輔，論山根者山也，山不厭高，土星者土也，土不厭厚。（水鏡集）

年上壽上在鼻中，主壽之長短。（神相全篇）

光潤豐起者不貴卽富。（大淸神鑒）

高隆有梁者主貴。（廣鑒集）

高隆有梁者主壽。（神相全編）

豎有骨者主壽（神相全編）

懸膽主貴。（心鏡經）

鼻如懸膽，平生足祿足財。（太九眞人書）

如懸胆而直截筒者富貴（神相全編）

如懸胆而有骨法者，貴作朝郎，無骨法者，富有千金。（神相全編）

懸胆大發財祿。（大統賦）

柱直年豐肉厚，接連東西二嶽，準圓庫起，主家宅廣，人口多。（萬金相法）

梁圓貫印堂者，主美妻。（神相全編）

伏犀貫頂爲大貴（麻衣相）

獅子鼻聰明，縮囊鼻老吉，眉接鼻梁，早年發達，晚歲加封，廣相主伎倆。（神相全編）

準頭圓滿相應，東西兩嶽相輔，爲三星聚位，主有財祿，準頸肉堅，定主興家立業

。(神相全編)

準頭豐大心無毒。(神異賦)

圓肥主俱足，準頭光潤主事順。(神相全編)

準頭南方不忌偏，惟忌曲，因南方無正土，北方忌偏，偏左外家破，偏右老來窮。(柳莊相)

準頭尖曲主好奸，準頭掀露，老見孤單。(神相全編)

準頭垂肉主貧淫。(麵衣相)

鼻柱左爲左庫，右爲右庫，取高長端正，孔竅即庫之門戶，取豐厚收藏，皆主財帛有積，竅小庫齊，好聚不捨，戶寬反仰，無積反施。(萬金相法)

準頭要圓，孔宜不露，又得蘭臺廷尉相應，主富，又主得美貌之妻。(神機)

庫忌低陷曲塌，戶嫌掀露薄尖。(神相全編)

井竈薄而能動，一生休望聚財，乃敗家子也。(柳莊相)

鼻孔外仰成惡敗。(照胆經)

鼻孔黑暗幹事難成。(柳莊相)

竅小慳貪，鷹嘴主心毒。(神相全編)

鷹嘴鼻喫人心髓。(呂純陽)

鷹嘴鼻好成要敗，四十五破財。(月波洞中經)

鼻孔一二毫長者，為長鎗，多者為餘糧，寧教倉庫有餘糧，莫使井竈有長鎗。（柳莊相）

準頭缺陷，人事不和，四十三多是非口舌，左庫缺陷，財物消散，四十五破財，右庫缺陷，橫事極多，四十五破財。（萬金相法）

鼻頭缺破，孤獨饑餓。（麻衣相）

年壽有一陷一缺，或一紋一痕，主成敗一次，有二紋成敗二次。（柳莊相）

鼻起節，主破家死在外鄉。（柳莊相）

鼻露見梁，客死他鄉。（麻衣相）

四嶽低，鼻梁高，名曰孤峯獨聳，主六親無靠財散。（麻衣相）

偏斜孤滯，曲者孤貧。（神相全編）

三曲者孤破，三凹者無親。（神相全編）

鼻偏左，祖去。（神相全編）

鼻偏左，父亡。（萬金相法）

偏右傷母。（萬金相法）

鼻梁無骨必夭。（神相全編）

山根低陷，先敗業，後更窮。（萬金相法）

梁柱不全反主夭。（水鏡集）

梁柱不直，中年遭厄。（萬金相法）

短促切莫求官。（許負）

短小踢促主貧賤。（大統賦）

短尖主無智而苦。（神相全篇）

伏犀骨起，若無腦，眼睛昏濁者，孤夭之相，梁直蘭廷正，主忠，治家有方，有黑子主迍滯，横紋主車馬傷，縱理紋養他人子。（神相全編）

準頭黑，蘭廷黯慘，旬日身亡。（海底眼）

準頭黃紅主生財祿，紅又主走東奔西，黃明者喜到，黑大病，黑如濕灰，敗家喪命，赤破耗，白破毒，色黑肉薄非賤卽夭，年壽上縱横紋理，家破苦窮忙，女不配取，山根更折，田園不守，妻子先亡，山根黑子，

妨妻害子，在鼻側大凶，印堂中圓黑者貴吉，印堂山根氣色明者吉，暗者滯。（神相全編）

年壽黃明主吉。（鬼谷子）

年壽上有黑子者防兄弟，鼻上有黃點如蠟者，主作事或有意外横財，如光放開四佈，主巳得，年壽上黑者病，赤者官災，青紅主耗破，白主哭。（神相全編）

人中

人中，長短斷壽，廣狹斷子。（水鏡集）

所以爲壽命男女之宮也。（神相全編）

欲長直垂而外濶，兼全者善相也。（麻衣相）

其細狹則衣食逼迫，平滿則迍邅多災，上狹下廣子孫多，上廣下狹兒息少。（水鏡集）

上下俱狹而中心濶者，主子息疾苦。（水鏡集）

上下俱狹而中心濶者，子息難成。（神相全編）

上下直深者，子孫滿堂，上黑子多子，下黑子多女。（神相全編）

中有黑子，婚妻易而養兒難留，兩黑子主雙生，橫理主至老無兒，竪理者養他人子，縱理者生兒宿疾。（麻衣）

縱紋一線，多損兒郎，細如懸鍼，絕子老貧。（水鏡）

直而深主多子，平而淺主不生，深長主富壽，淺短主夭。（神相全編）

緣何壽命不長，人中短促。（太九眞人書）

人中短促，子孫不足。（許負）

屈曲主無信，蹇縮主夭賤。（水鏡）

廣濶主淫少壽，偏左生男，右主女。（神相全編）

斜左損父，斜右損母。（麻衣）

如破竹仰者，家有貂裘之貴，更若瓜稜

之樣，老見鰥寡孤獨之貧。（水鏡集）

法令

法令者，主號令之端肅，上能連接八部三台之拱應，下能帶令地閣仙庫之歸朝，蘭廷分明清楚爲貴，兩旁爲根基，長而至地閣者，爲壽帶，短而入口者爲螣蛇，白閣道者曰，法令現在金縷，獨鎮江山，螣蛇侵于水道，餓死臺城，財食艱難，只因漏糟侵破，聞喜不喜，定然印綬模糊，豐衣足食，只爲紋理圓長，缺柴少米，皆因法令冲破，蘭廷帶令地閣朝天，壽屋永現于南箕，井竈空露，缺柴之食于暮年，蘭廷虛腫，爲奴爲隷，法令紫色、喜兼勑命，法令青黑，災病來侵，酒舍横紋絕斷，因酒亡身。（水鏡集）

法令紋深好殺，螣蛇不侵水道，紋內紅紫，主福壽，青黑主災。（柳莊相）

口

口爲脾竅，舌乃心苗，脾和則五味知，脾絕則口開。（醫書）

口管十五年，爲末主，五十六至六十四歲。（神相全篇）

口要唇紅齒白，兩唇齊豐，人中深長，仰月灣弓，四字口方，牛龍虎口，唇不反昂掀尖，安藏外輔，聲音內應，此出納官成也，或猪，狗，羊，口覆船，鮎魚，鯽魚，鼠食，羊餐，唇短齒露，唇黑唇皺，上唇薄，下唇反，鬚黃焦枯粗濁，多是多非，此出納官不成也。（水鏡集）

口爲大海，容納百川，上通五嶽，下通周體百谷，以接萬物飲食之具，而通五臟造化關稅，禍福之柄，賞罰之所出，是非之所會也。（水鏡集）

故端正不妄言，謂之口德，誹謗多言，謂之口賊。（五總龜）

口取厚而寬，唇取端而正，齒取排而齊，故深藏端方潤厚紅潤者爲德，大者取有收，小者取紅方，皆爲上相。（水鏡集）

方闊有稜者主貴壽。（麻衣）

口潤唇紅者多貪飲食。（柳莊相）

橫潤而厚者福壽。（神相全編）

正而不偏，厚而不薄者非富卽貴，含丹者亦然。（神相全編）

如角弓，或容拳者官祿。（五總龜）

口如四字者主富。（水鏡）

五十六歲入運。（貧女云）

口無稜角者，說是說非。（太九眞人書）

口寬舌大，富足田糧，口不見唇，威鎭三軍，其或潤而不正，太而不收，黑而不紅，尖而不藏，偏斜小薄而下垂者，貧窮凶夭

之相也。（水鏡）

尖反偏薄，或如一撮及無人自語者，俱主寒賤。（麻衣相）

青黑者亦然，口寬舌薄，心好歌樂，不言自動，及馬口或縱紋入口者，俱主饑餓，口角下垂主饑餓，鼠口主謗毀嫉妬。（神相全編）

口如吹火家貧賤。（玉管訣）

口如吹火，主孤。（廣鑒集）

猴口吹火聚注，主無子，羊口飲水聚注，主孤寒好歌，鵲口縮囊聚注，主孤寒。（通神鬼眼相）

縱然有子，必主別房。（神相全編）

口不潤正主虛詐，口小短主貧，口小舌大主貧夭，右畔竪門田產破，左偏乃主婦死迍。（神相全編）

口唇左損，貪而奸詐。（五總龜）

口開齒露主夭，睡中口開亦然。（神相全編）

口水爲夜漕，漕老人吉，少年嫌，三十有，二年死，四十有，三年死，五十有，五年亡，六十有，六年亡。（柳莊相）

口中黑子，食啜皆美。（水鏡集）

口有黑子主酒食，女主淫，無媒自嫁，紫黑多滯，邊紫心毒，食噎平生蹇滯。（神相全編）

唇

唇爲君，齒爲臣。（水鏡集）

唇爲口舌之城廓，而城廓欲厚，厚則不陷，舌乃唇口之鋒刃，而鋒刃欲利，利則不鈍，此乃善相。（麻衣相）

然再須分察，以辨富貴貧窮，如色欲紅，音欲清，口欲方，唇欲厚。（神相全編）

上唇名金覆，下唇名金載，上下紋理多者，爲人寬和，子貴孫賢。（萬金相法）

上下相當，爲人寬厚，唇合不正，言詞無信。（神相全編）

上下俱厚，忠信能文，上下俱薄，妄言而劣。（水鏡集）

上唇長，先妨父。（麻衣）

上唇厚，主夭。（神相全編）

上唇長而厚，主命長，下唇長，先妨母，下唇薄主貪食，下唇長而薄，亦主貪食。（水鏡集）

下唇過上貧苦，上唇蓋下孤苦。（西岳先生）

上薄語詐，下薄貧滯，上下不相覆，主貧寒。（麻衣）

唇短齒長者有壽，唇長齒短者不夭。（水鏡）

缺陷者下賤。（麻衣）

不起者饑餓，尖撮者早死，墜下者孤寒。（水鏡）

薄弱者貧賤。（神相全編）

口唇番蹇曰唇掀，主孤尅。（通神鬼眼相）

唇不蓋齒，無事招嫌。（神異賦）

尖齙似鳥喙者多非，厚似劍鐔者重義。（水鏡）

蹇縮主夭亡，老來唇索主子貴。（神相全編）

唇上黑子主酒食。（五總龜）

唇內黑子亦然。（神相全編）

生於口角者災滯。（五總龜）

黑子生於口角，末主水災。（神相全編）

黑子生於壽帶主餓死。（五總龜）

紋理者壽，帶入口主餓死。（神相全編）

唇不着齒，善調金鼎之羹。（嚴電道人）

唇薄而動，多奸無信之輩。（柳莊相）

綻血無紋，爲人自滿不謙，紋理如花，富貴榮華之客，上下紋交，生兒無比。（水鏡集）

有紋有子，無紋無郎。（鬼眼先生）

口唇皮縐，一世孤單。（通仙錄）

齒白唇紅，多才多藝。（郭林宗）

笑則唇揭露牙，貧焉可見。（神眼經）

未語將唇先起，邪奸在心。（神相全編）

氣色紅潤者貴，唇色紅杏，不求自榮。（神相全編）

唇如雞肝，久病少痊。（水鏡集）

光紫快樂（麻衣）

光紫可貴千里之爵祿。（神相全編）

紅黃招貴子。（麻衣）

淡紅而鮮者招美妻。（水鏡）

白艷者招貴妻。（麻衣）

唇青主老來饑餓。（柳莊）

青黑主饑死，昏黑主心死，淡黑主心毒，黑主賤。（水鏡）

青白主心毒，青主災夭，黃主病。（水鏡）

惟繞口黃明者吉。（神相全編）

凡氣色好，如唇白者，亦屬不佳。（柳莊相）

齒

構百骨之精華，作一口之鋒刃，運化萬物。以頤六腑者齒也。（神相全編）

爲骨之餘，血壯則齒堅，血衰則齒落。（水鏡集）

齒取方長闊大，排齊堅固者，為長壽，尖薄疎稀，短齙曲漏者，為夭年，故牙可定壽，又定食祿之有無，其有大而密，齊而整，長而闊，白而紅，黑而明，堅而固者，富貴福壽之人也，如大而漏，小而尖，斜而疎，短而薄，齙而缺者，貧窮之相也，（水鏡集）

門牙喜白淨色瑩，忌焦黃缺枯，（麻衣相）

設或黃似璞玉者，清閒財足，（水鏡）

黑如寶光者富貴全福，黑如焦木主貧窮，（水鏡）

焦枯橫夭，短缺愚下，（麻衣相）

漏出暴亡，疎漏貧賤，繞亂疊生者，狡横，（神相全編）

壯而齒落者短促，（麻衣）

老而生齒者，主壽剋子，（柳莊）

齒如參差主欺詐，上濶下尖，性粗而食肉，上尖下濶，性鄙而食菜，白玉高貴，榮白稱心，爛銀富貴，榴子福祿，如劍鋒貴壽，如粳米年高，（神相全編）

語不見齒者貴，（麻衣）

齒長一寸者極貴，疎漏焦黃者學業難成，（水鏡）

白如枯骨者，終身勞苦，（神相全編）

包牙者主懼內妻病，少年不穩，（柳莊

相）

龍齒子貴，牛齒自榮，羊齒子顯，鼠齒貧夭，（神相全編）

鼠齒一主剋子剋妻，一生貧賤，（袁柳莊）

凡齒具四十，而白淨齊密，根復深固者主佛祖賢聖之尊，（水鏡）

三十八主王侯，三十六主卿相，三十四主朝郎，或臣富，三十二中人福祿，三十平常，如白淨色瑩者亦貴，二十八主貧窮，若白淨瑩潔者，亦有富，二十四，主無福鬼胎也，（神相全編）

舌

舌欲端而利，長而大，（神相全編）

如方長端正，鮮紅鋒刃紋秀者主富貴，紅而方長，咳唾成玉，紅小而長，主聰明多志，紅紋秀如錦，主出入朝貴，舌利鋒刃，貴亨萬祿，舌長至準，目若含眞、定主王侯宰相，舌長至鼻準，如吐舌及鼻，鼻直圓正主貴，倘準圓梁廣，口若尖薄垂下，法令兩帶破腮漏槽，反主財散也，更有準空山斷爲土剋水，交運至此，必破家敗業，舌理三川紋，萬傾之田，舌理紋繞如花，多子多榮，（水鏡集）

艷吐滿口者，至富，直理者官至卿監，縱紋者職任舘殿，珠紅者貴，如掌主卿相，

赤血主祿，（神相全編）

如紅蓮者富善，如靑蓮者貴，賢，黑痣者天祿，（水鏡）

又黑子者語虛，（麻衣）

黑壓者多凶，粟粒者榮遷，黑翳者賤，（水鏡）

如濕灰者凶，（神相全編）

短大主愚懈，舌小短主苦貧，（水鏡）

禿短主迍蹇，大薄主妄謬，尖小主人貪，狹而長者非詐卽賊，（麻衣）

舌小窄方，法主公王，（神相全編）

白而黑者定爲執鞭之輩，如蛇出者毒害，舌斷主蹇滯，舌小口大，語言輕快，舌大口小，事不能了。（水鏡集）

未語而舌先至者，好妄談。（麻衣）

未語而舌舔唇者，多淫逸。（水鏡）

有話欲言而言不足，乃有頭無尾，疾言而口常撮聚，必破產飄蓬，無痰常吐，而吐不收，主先富後貧。（動靜論）

髮鬚

髮乃血之餘，屬心，故心血虛者，髮先白。（神相全編）

肥忌髮少，瘦忌髮多，髮隨神淸，肉隨財長，髮濁血亦枯，髮秀血亦榮，髮落財遂生，肉長髮亦落，木形髮落卽死。（柳莊

相）

鬚屬腎，腎陰虛者，鬚先白。（醫書）

上左右爲祿，下地閣爲髯，人中爲髭，承漿爲鬚，邊地上方爲鬍髭。（柳莊相）

寧可有祿無官，莫使有官無祿，有祿無官者，富而且壽，有官無祿者，財散人離，若官祿雙全，乃五福俱全之相也，（上左右及人中爲祿，鬚髯爲官。））（神相全編）

髮如山之草木，太盛則鬱不清明，所以髮多者，不欲短，髮少者，不欲長，短貴青光細少，重宜色滋烏長。（水鏡集）

總之，髮粗硬而索者，性剛而孤，氣臭而多者，迍滯而賤。（麻衣）

髮際高者性和而壽，髮際低者，性愚夭僻，毒必頂後髮高。（神相全編）

心鰍因耳邊無鬢，侵眉亂額多災厄，鬢髮粗疎財食無，乾而燥主憂愁至老。（水鏡）

髮不倒則骨肉參商，健兒不禿，宰相不濃。（神相全編）

雙頂赤髮，小兒則主刑傷，髮潤鬚滋，年老定然福壽。（鬼眼相）

居仙苑，童顏鶴髮，無祿壽，髮白鬚焦。（水鏡）

少年髮落難言子，少年白髮喪雙親，左邊多妨父，右邊多妨母，此言不過十五歲。（柳莊相）

髮鬚有黃尾，白如羊髯，主剋子。（柳莊相）

髮黃而焦，不貧則夭，頭小髮長，散走他鄉。（神相全編）

髮際低而皮膚粗，終見愚頑。（神異賦）

髮際低而幼無父。（銀匙歌）

卷髮者犯刑好色，髮黃者下流之徒。（柳莊）

鬢捲螺，必有刑傷，額髮稀，定然苦剋，餓死髮生到耳，貧病髮枯面焦。（神相全編）

髮黃妨剋，色赤多災，額亂妨父母，赤理主兵亡，或長或短，老見孤單，或亂或橫，狡詐之客；榮華色紺翠，官職髮清絲。（水鏡）

早白有轉烏爲吉，不齊定妻子刑傷。（萬金相法）

男女髮深，皆主愛色，女子粗髮，剋子剋夫，男女中年髮頂落者，老來最苦，髮生絨毛者，男女困窮，老不落髮主勞碌，老轉黑髮主壽，防刑子剋孫，女老不落髮，則大主壽也。（柳莊相）

鬢乃一面之丰采，可定人之賢愚也，取其黑光紺清，齊厚滋潤，最忌黃踈并亂捲，鬢深過命門主賢德，鬢重髮清可許翰林，鬢清眉彩，榮貴早得，眉踈鬢禿，老見孤貧，

鬢重鬚輕，一生有福，鬢輕鬚重，娼優隸卒，有顴無鬢，諸事少力，髮鬢粗濃，勞苦終身，鬢髮紺光，欣然得祿。（水鏡集）

髭髮者，如山川松柏，光彩，發生之象也，枯暗，敗亡之兆也。（水鏡集）

故少年富貴，取眉之清秀，老年福壽，取鬚之滋潤，滋潤發福，乾燥蹇滯。（神相全編）

鬚須兩眉濃疎相配，長忌飄搖，短忌鎖喉，多宜清秀，參差爲貴，少宜健光，有情爲福，面瘦鬚長挺秀，朝內老臣，面匾鬚柔雖清，道士之客。（水鏡集）

鬚生項下，多得外家財產，鬚開燕尾，老來子息刑傷。（柳莊相）

鬚不過唇，（詳十大空亡，見頭部）爲無情，鬚鬢拳，主貧苦，白麻粉面，無鬚豈有壽元，太監相及婆形，（皆無鬚）聲響亦能有子，輔鬚先發，一世困貧，鼻毛接鬚，常多悔氣，硬如劍者掌兵權，形如箒者赴法市，重髮無髭，不可同侶。（水鏡）

鬚拂於左，多畏夫人。（柳莊）

人中少髭，一生勞碌。（神異賦）

鬚清中無夾雜（無黃白）多爲僧道。（神相全編）

承漿無鬚唇再紫，定遭水災。（柳莊）

鬚柔主性柔，亦主孤剋。（神相全編）

短髭連口，蓬亂東西，定主饑寒敗業，細而浮飄，粗而無紋，必然到老俱空。（水鏡）

老來鬚落主剋子，水形多腎虛，土形丹田虧，二形多無鬚，如有鬚者，主有好子，木形之旺，故無鬚，還須有子，不可以鬚言人子息，恐誤其事。（柳莊）

凡鬚黑光明無垢者則發，白枯如漿紗者則死，乾索晦滯者則凶，鬚黃色澤潤紫者則祥，乾燥焦黃者，則敗也。（水鏡集）

頸項

肥人項欲短，瘦人項欲長，反此者貧夭。（水鏡集）

富者必豐圓堅實，貴者必光潤不隆，項後豐起者富，項後有皮如條者長壽，短方主福祿，細長主貧賤，頸梟而斜主弱苦，曲如蛇頸毒而貧。（神相全編）

頸斑不潔多滯，頸不勝頭貧夭，頸勢前臨者性和而吉，頸勢偃後者性弱而凶（水鏡）

有頭無項，三十前可，瘦人項短，三十難逃，肥人項短，四九難過，項圓頭小，頭偏，頭削，主一生不成事，如項再不圓，主少年死，項皮乾枯，少年窮，老年死，項下起骨節者主夭，又主外家破耗。（袁柳莊相）

頸有鎖喉鬚者凶亡。（水鏡）

項內髮肉拳螺者，主大發財，項肉髮肉如堆者主招兇，項上生瘤肉如堆，項後髮脚處生高肉如堆，眼深髮黃，三者俱主人命。（柳莊相）

項有結喉者，貧滯多災，瘦人結喉主迍邅，肥人結喉招橫禍。（水鏡集）

肥人結喉，浪死他州。（柳莊相）

結喉露齒，骨肉分離。（神異賦）

婦人結喉，主無子尅夫。（神相全編）

男女結喉，皆主惡夢也，（柳莊相）

肩背

肩要平厚，背喜潤長，肩潤面方，諸事亨通，肩潤臂尖，老無結果，鳶肩騰達必速，平滿者名播四方，坍肩者諸事不成，肩寒者身無居止，左肩高，白手大富，右肩高，大貧大苦。（水鏡集）

男子無肩，到老貧寒，女子無肩，至老榮昌。（識人賦）

背潤平豐主多福，豐厚突起，福旺子多，背骨隆起如伏龜，壯者二千石祿，方長主有智福，圓厚如團扇者貴，如三甲者貴壽。（神相全編）

背如有負者大貴。（袁天罡）

前見似仰，而後見似附，不貴卽富，若

背狹偏陷主貧災，斜薄窪下主貧寒，孤獨偃短主無識而賤，（神相全編）

胸凸背凹，不窮則夭也。（水鏡集）

腰臀

腰宜端直濶厚，乃主福祿綿綿，倘若狹薄陷偏，必是卑賤之相，是以短薄則多成多敗，長廣則福祿無窮，直厚富貴，薄細賤貧，凹陷主窮，鼻出貪色，腰背兩全，福壽俱全。（神相全編）

腎命皮焦，恐防病死，腰生疊肉，發財延年。（老祖）

有背無腰，初發後貧，有腰無背，初困後亨。（水鏡集）

臀要平圓，若臀高腰陷，早貧後亨，腰高臀陷。初亨後貧，少年無臀，凡事難成，老來無臀，妻子俱刑，肥人無臀，有妻無子，瘦人無臀，多學少成，體長無臀，老無結果，臀開腹大，諸事可成，身短無臀，難言發達，女若臀反，必爲賤人。（水鏡集）

胸露臀高，乃家業散而壽源少也。（太九眞人書）

胸乳心

胸欲平長濶厚，主有智高福祿，平濶如底，主英豪，胸濶而長，財易積，又主得公王，胸狹而長謀難成，骨肉平匀仁且智，若突短狹薄主貧，胸能覆身富貴，胸短於面貧賤，突然而起愚下，窪然而起貧窮，狹窄如堆者頑鈍，骨起如柴者貧苦，凹落如槽者窮毒，骨肉高低者愚狠，胸中黑子者爲兵萬里，男昂則愚，女昂則淫。（神相全編）

乳欲濶黑垂墜，忌狹白細曲，濶尺二者爲貴，一尺者次貴，乳頭大者賢而多子，小者無子而弱。（神相全編）

乳破小，子息難成，白不起難言子息。（柳莊相）

乳白而黃者主賤乏嗣。（神相全編）

乳頭不黑孤貧。（西岳先生）

乳頭曲者難養兒，乳頭狹者易貧賤，細如懸鍼者無財，頭仰者子如玉，頭低者兒如泥，頭壯大方，福壽兒貴，紫如爛椹，貴而多子。（神相全編）

薄而無肉，衣食不足，實而有肉，財帛豐隆，乳頭生毛，多藏見解，乳頭黑子，必生貴子。（水鏡集）

心欲寬平博厚，不欲坑陷窄狹，寬博智慮深，兼平潤者榮祿，窄狹愚知，淺坑陷偏側貧弱夭，心頭生毛其性剛豪，心頭凹骨其性貪酷，善則福生，惡則禍纏。（神相全編）

腹臍

腹欲圓長堅厚，勢欲垂下，皮欲厚清，故腹圓向下者，富貴壽長。（神相全編）

小而下大者家中大富，大垂下者有名。（許負）

腹墜而垂，智合天機，腹近上者主愚賤，腹上而短，飯不滿碗，腹如抱兒，四方聞知，皮厚者少病而貴，皮薄者多病而賤。（神相全編）

腹有三甲，背有三壬，主大富。（許負）

腰腹起一筋，橫主貴，直主貧，赤爲貴，青爲次，男女皆同。（柳莊相）

臍深濶者智而有禍，向上亦主福智。（神相全編）

高者無限量，大能容李，名播四海。（水鏡集）

臍深而腰偏者，多有邪淫。（柳莊相）

淺窄者愚薄，向下者貧愚，低者思慮遠，凸而出，淺而小，非善之相。（神相全編）

又云腹臍突出，壽命早卒。（許負）

男人臍淺，豈有衣祿，女子臍淺，決不出子，所以婦人有臍深一分者，主得一子，深半寸者主得五子，大方好，小亦難留，如內有毫，生子必秀而美也。（柳莊相）

腿膝

腿膝如柴，老無結果，腿大膝小，半生官訟，膝尖腿小，爲鶴膝，主下賤，膝小中無骨主早亡，膝上生筋一世奔走，膝圓如斗，一世平安。（水鏡集）

大小二便

穀道隱而方者貴，細而方者亦貴。（水鏡集）

穀道宜藏，露主貧賤而夭，方主武職，偏主文貴。（柳莊相）

獨腎（睪丸也）方圓者貴。（水鏡）

大便遲緩者富貴，大便速者賤。（神相全編）

龜頭宜小白堅，主妻賢子秀，龜頭小秀者，得好賢郎，大長黑弱主賤，大者招凶人。（柳莊）

陰頭縮者貴，陰莖聳出者賤，小便直下如篙攢者賤。（神相全編）

龜頭偏者主子賢，龜頭色者黑子早，色白者子遲。（柳莊）

小便散如雨者貴，水道寬圓者賤。（水鏡集）

小便散珠者貴。（神相全編）

囊宜黑，紋細實爲貴，不宜下墜，火暖

生貴子，如冰冷主子少，如無紋乃主絕嗣也。（袁柳莊相）

手（男左女右）

掌爲虎，指爲龍，只可龍吞虎，不可虎吞龍，龍骨欲長，虎骨欲短。（水鏡集）

四指爲賓，中指爲主，賓主相濟爲美，二指長，平生近貴，四指長，小人不足，性不耐煩。（神相全編）

小指長者，貴得奇福。（水鏡集）

五指長，過節三分，如骨圓者，功名可得。（陳柜香云）

指尖長，主文學貴顯。（玉掌記）

掌長指短，或指長紋橫紋多，主暗惹人

嫌，少年難養，五指斬傷，或病損，亦有所主，如大指破祖，二指剋父，三指剋母，四指妨妻，五指刑子，大指駢母，亦主疾苦。（神相全編）

生六指者，主妨父，一生不得榮顯，下賤之相也。（袁柳莊）

齒殘指甲心緒多。（神相全編）

四肢乾一年主死，四肢潤一年主富。（柳莊相）

骨重定主高明，紋奇但當小爵，浮筋露骨，身樂心憂，腫節漏風，神昏意懶，指生兩節，死在路途。（玉掌記）

手大身小者，福祿，手小身大者，清貧

。（麻衣相）

身大手小，難聚資財，身小手大，一生下愚。（柳莊相）

手大指小，浮蕩破財。（玉掌記）

手垂過膝，蓋世英賢。（水鏡集）

手不過腰，一生貧賤，纖長性慈而好施，短厚性鄙而好取。（麻衣相）

端厚者富，薄削者貧，圓硬者愚，方軟者長福，長厚者貴，短薄者賤。（神相全編）

軟細者清貴，軟滑如棉囊者至富，手滑如苔者福壽，皮連如鵝足者至貴，指纖而長者聰俊。（麻衣）

指柔而密者蓄積，指如春筍者清貴（水鏡）

手直如筍者福壽。（神相全編）

如剝葱者食祿。（水鏡）

香煖者食華，潤澤者富貴。（神相全）

掌平手薄者主賤。（玉掌記）

乾枯者貧窮，臭汚者濁下，粗硬者下賤，硬如鷄足，無智而貧。（神相全編）

指硬而疎者破敗，指如鼓槌者愚頑，如竹節者貧賤。（水鏡）

手指或足指，如蛇頭鴉嘴鸚嘴，主奸猾孤獨，女主刑父母。（柳莊）

掘强如猪蹄者，愚鹵而賤，指短而突者

，愚賤。（神相全編）

掌細面寬，榮辱艱辛不免，節如鷄卵，一生多得橫財。（玉掌記）

細如噀血者，榮貴。（神相全編）

錦紋噀血，貲財百萬。（玉掌記）

如噴火主衣祿，黃如拂土者至賤，掌中生黃，家有死亡，靑色者貧苦，掌中生靑多是非，色白主寒賤，白如玉貴，掌白如面，起家成立，人瘦掌漏，人肥掌厚，人大掌大，人小掌小，人淸掌淸，人粗掌粗，面大掌大，人粗掌軟，掌若軟厚，紅潤淸秀，細勾明朗，主富貴聰明，掌心黑子智而富，黑子手裏，多婦少兒，掌似燕巢，萬頃富饒，掌

有堆峯主福厚，掌通四起、容止君子，掌中四畔生橫理者，愚而貧，四畔豐起而中窪者富有，四畔肉薄而中平者財散，掌四方厚，中央薄，兼又深，益仕宦，財旺安樂，手有仰羊，行不裝糧，十指上如旋螺者榮貴，紋漏出指節者破散，十指上紋橫三鈎者，貴使奴婢，十指上紋橫一鈎者，賤被驅使，冷如黃水，平生多夢陰人，煖色如丹，到老少逢疾苦，高張華蓋，平生智出於衆人，尖起三峯，限數福生於晚景，掌軟如綿，主文武雙全也。（神相全編）

然論掌祕法最要緊者，重在五行，合格不合格者爲主，相中論指頭修長紋秀者貴，

殊不知土形取在圓厚重實也，如指掌細長者，不合局也，相中取指掌肉圓充足者吉，殊不知水形人取在紋脈修長瑩瘦者合格，如指大而掌重實者，又爲不稱之水形，卽有好處，亦不能至大富貴也，論金形人取指掌端方，水形人取指掌圓滿，火形人取指尖紅活，土形人取指掌厚重，木形人取細瘦紋秀，反此者，皆爲不相稱之局也，有等身肥大面圓滿者爲水形，手薄細而指尖長者，又爲不稱水局也，有等身瘦長面細秀者，爲水形，手厚重而指粗大者，又爲水局之不合格也。（鬼谷先生論）

土形人，不忌掌之粗厚而無紋也，此必眉目英發，但貴而主多勞也，所以手粗紋粗者，亦有貴，木形人合木形木局，但嫌眉目不秀未得貴，雖居白衣，亦主安閑之福也，所以手之紋細紋秀者亦有俗，（照胆經）

總之觀手之法，必要分五形之肥瘦短長，合格而細察，眉目聲氣之淸濁，然後定貴賤者無漏矣。（水鏡集）

手背筋露肉堅，爲人辛勤，筋藏肉積，直實多財，（五總龜）

背黑掌白者富，背白掌黑者貧，一般色斯爲上相，肉厚一寸，家積千金。（神相全編）

人長手背短，一生不成器也。（柳莊

相）

次論指甲，屬筋之餘，志之主，乃肝所出，胆所附也。（神相全編）

甲堅而大者，志高胆大。（麻衣相）

甲堅而厚者，老壽無疆。（水鏡集）

甲堅心高多貧賤。（柳莊相）

甲硬則性剛而作事風火。（五總龜）

甲粗者愚鈍。（神相全編）

甲厚者壽算延長。（玉掌記）

甲短而軟者，志弱膽小。（萬金相）

甲軟者臨事懶惰，立身窮蹇，多學少成，有始無終。（神相全編）

甲薄命年短促。（麻衣）

甲尖者小智。（神相全編）

甲破者（即碎裂），無成。（玉掌記）

纖而長者聰明。（神相全編）

甲朝外者主孤。（柳莊相）

甲缺而落者病弱。（一主刑剋）

指甲皮乾肉枯，主命孤而夭。（玉掌記）

甲滋潤則財穀豐盈。（玉掌記）

甲色黃而瑩者貴，色黑而薄者賤，色青而瑩者忠良之性，色白淨閑逸之情，甲如瓶瓦，必作大富，（神相全編）

甲如銅瓦，洒脫心神。（玉掌記）

甲如銅瓦者巧，如銅葉者榮華，如半月

者快樂。（神相全編）
甲似瓜皮者沉昏神氣。（玉掌記）
甲如板尾者惇重，如尖鋒者聰俊，如皺石者則主愚下也。（神相全編）
手忌無紋。有紋者爲上相。（水鏡集）
有掌有紋，繁華一世，紋大掌小，有事高聲。（神相全編）
有紋無掌，晚年衣祿平常，有掌無紋，早歲貲財失散。（玉掌記）
紋細而深者吉，紋粗而淺者賤。（水鏡集）
心虛者，其紋必顯，心昧者，其理不明，然有掌平心平，紋正心直，紋橫性橫，紋淺機淺，紋深機深，紋多心緒多，紋少機關少，紋小見小，紋大見大，紋生斷續，易勤易懶，紋曲主不忠不直，事難成，直聳長紋，性直聰明，隱紋作事不顯難知，浮紋主輕浮好高，事多難成、聚紋交鎖、心邪多學少成，勞碌人嫌，紋散主失散，作事不就，吉凶未應，起自下而向上，作事有成無廢，吉凶皆應，起自高而向下，作事性快不成，沉滯少通。（神相全編）
今考掌內三紋，上畫應天，象君象父，定其貴賤也，中畫應人，象賢象愚，辨其貧富也，下畫應地，象臣子母，主其壽夭也，三紋瑩淨無紋破者，福祿，縱理多者，性亂

而災，橫理多者，性惡多賤。（水鏡集）

手有縱理紋者，主三公，手有橫理紋者，主殺害。（神相全編）

竪理直貫上指，百謀百遂，亂理散出縫指，諸事破散，紋細亂絲者，聰明美貌。（水鏡）

紋粗如櫟木，愚頑貧賤，紋如亂剉，一世貧苦，手紋亂剉，豈有福祿，紋如散糠，一身快樂也。（神相全編）

其有≫結魚紋，◎日羅紋，㐅雙魚紋，凸玉堦紋，井金井紋，巛飛針紋，巛雁陣紋，☾偃月紋，ꔮ雲環紋，ꔮꔮ禽獸紋，ꔮ或作龜紋，以上此等異紋，皆爲貴相。（玉掌記）

巛巛此紋朝三指上者，平生快樂風流，巛巛此紋在坎宮似柳絲者，積代簪纓富貴，巛此紋合主聰明，又爲顯官，㐅此名交紋，在兩指下，主兩處根基，假子興家，異性同居，入此兩條紋，合主聰明，在掌內爲華蓋星，巛此紋似生魚，平生手足兄弟和美，若魚尾貫指須富，卌雙井卌三井富貴，凡井紋者多富，十此爲十字紋，手中貫出天庭者，大發，幷主有權，门此爲金印紋，在明堂方正明白者，少年登科，凸此爲玉堦紋，在堂中主有科名，品此爲穿錢紋主富貴，田此爲棋盤紋在艮宮者，心本無事，愁緒萬端，⊠夵紋印，△象眼印，△三角印，手手字印，女女字印，凡印，不拘手中部位，爲人有信，自小無非橫之災，一生不畏鬼神，近高有權柄，｜此爲衝天紋，在掌中爲天柱主壽，穿過離宮，直過指節主富貴，井此爲斷紋，在右手爲把刀紋，不利母，左手爲執劍紋，不利父，俗云左斷右不斷，骨肉損一半，兩手一切斷，兄弟不相見，◗此是眼紋，在大指名夫子眼，主聰明，在坤宮爲佛眼，主孤剋，在掌中爲道眼，主性靈，◎此爲金梭紋，主得陰人力，△此爲三角眼，在坎宮爲鼠眼，主好偷盜，女此爲花柳眼，好淫，在坤宮爲流眼淚，在第二指爲靑眼；近貴，在巽爲貫索眼，主發橫財，人此爲蓮花紋，在掌中爲合堂蓮花，作僧道，▢此爲棺材紋，逐年旋生，在艮主官非，有紋乃自凸起，生不全者無妨，生全者不問前後，其年生，其年死，一片淹滯災撓，二片孝服，三片重重災事，四片死在旦夕，如艮宮掌中黑，死期近矣，古人云，艮上不宜舖白板，(棺材紋也)掌中曾認宿烏鴉，坎宮黑者落水死，震宮黑者被雷傷，兌宮黑脈過艮主虎傷，巽宮黑脈過乾主蛇傷，離宮黑脈過坎主見災，(神相全編)

串此名繩紋，在明堂者，主自縊，◎此爲盤旋紋，主自縊，如無紋乃黑脈也，兌宮棺材紋，有黑脈相冲，謂之催死殺，必死，若有黑紋，自立身紋起，直穿二指上節，爲黑氣冲天，性命交關、縱無棺材亦凶，〇三點相連大好，更有成字異相，〇三爪女周井用壬手田尖化武友虜，凡手中成一字，終身受用不盡，生在身命宮上，自身主貴，生在父母宮上父母貴，生在子宮上子孫貴，生在妻位上妻貴，生在兄弟位上兄弟貴，但要紋理方正，⦶⦷巛㕣斷頭紋，彡橫屍紋，刀刀字紋，丁丁字紋，丼枷鎖紋，叉夜叉紋，土土字紋，火火字紋，巛產死紋，乃乃字紋，血姤妻紋，已上凡手中犯一字大凶，若是甲破而黃，手斜而曲，骨粗而毛旋逆，紋橫直指者，主廢疾徒紋，刺字，軍役，自殺，自刑，十五種凶亡，數內有紅潤色，及有陰德華蓋紋，可折一半，巜華蓋紋，主聰明，（神相全編）

有寶錢紋者，主進貨財，有端笏紋插笏紋者，文官朝列，有龜紋者將相，有魚紋者郎官，有偃月車輪紋者吉慶，有陰騭紋延壽紋者福祿，有田紋者富，有十紋者祿，有五策紋上貫指者，名光萬國，有按劍紋加權印者，領軍四海，凡紋好兼久破者，皆爲缺陷無成，（神相全編）

總之高低之人俱有者，惟三才紋，在于腹中胎氣成形，自上至下，第一紋居火爲天紋，主根基，第二紋居土，爲地紋，主財祿，第三紋居明堂爲人紋，主福德，於三限中

，取三限上紋，若三限上無紋，壽紋上取壽紋，壽紋上無紋，三才上取三才紋，更與面參之，庶得其眞矣，（神相全編）

然掌有八卦，亦要推詳，乾宮高聳生，長子之權豪，坎位高堆，受前人之庇陰，艮宮尅陷，損子父於初年，震上高朝，置田宅於一世，巽宮散亂，多爲游蕩之流，離位突高，必作功名之士，坤宮帶破，招兒女以凋零，兌位有傷，定夫妻之鰥寡，（玉掌記）

細究乾爲天門，爲父，居金，濃肥者子貴，坎爲海門，爲根基，居子丑，屬水，肥濃主貴，如低陷紋冲，防水厄，倘坎宮有紋如絲享現成鎡基，設或紋開三股，，主三處

住場，不然離祖，斷續者承接他人根基，若紋自坎宮不斷，直上自手根而起，平地發福，白手成家，艮爲田宅，爲墳墓，居丑寅，屬土，有飛針紋，少兄弟，即有亦分離，若艮宮生一紋直上者，受祖考之福蔭，震爲妻妾，爲立身，居卯，屬木，低陷尅妻，若震宮有紋，主招性急多口之妻，不然有疾能主家，旺財物，女人震宮高厚，軟而紅潤，有穿錢劍印紋，主奪男子權柄，必發大福，低陷紋流，不可主財，仍主刑夫尅子，難爲骨肉，巽爲財帛，爲祿馬，居辰巳，屬木，低陷紋破，主貧苦，高峯者財旺，，初年發福，若巽宮有井紋，名關鎖，或印紋，第三大

紋不出指者，主性慳吝，可主財，離為龍虎，為官祿，居午屬火，不宜破陷，一峰高大，主高官重祿顯達，坤為福德，為父母，居未申，屬土，陷而亂紋，剋兒女損母，一峯峻者有福德，終吉，如坤宮有十字紋者，平生得橫財，陰貴扶助，坤兌宮有女字，可得陰人財物，掌中有女字端正，因女成家，兌為奴僕為子息，居酉，屬金，低陷紋破，主子僕壽短，掌中央為明堂五黃之宮，主目下之吉凶，（神相全編）

巽為初主，離為中主，坤為末主，各二十五年看何宮豐滿則財旺，若缺陷則有成敗，掌肉分四時之氣，春潤，夏溫，秋清，冬

燥，得其正必清高，設夏燥冬溫，必貧賤愚癡也，（神相全編）

掌有何色，眼下亦有之，必須同參，青主驚憂，赤主官事，白主孝服，黑主病厄，黃主喜慶，青應正五九月，寅午戌日，赤應二六十月，亥卯未日，黑應三七十一月，申子辰日，白應四八十二月，巳酉丑日，黃應三六九十二月辰戌丑未日，色淡事已過，色濃事未來，黑色看起何部，若田宅部上起，則因田宅為訟，其餘以意推之。

足

足欲方而廣，正而長，膩而軟，富貴之

相也，不欲側而薄，橫而短，粗而硬，乃貧賤之相也，小而厚主富，大而薄主賤，厚而橫主貧，故足厚四方者，巨萬之富，足厚四寸者大祿身榮，厚而正，主閒樂官榮，足下有黑子者食祿，脚下成跟者福及子孫，（神相全編）

脚跟不着地，賣盡田園而走他鄉，（神異賦）

脚跟削小主後代不如，若血紅潤稍可，，男子鴨脚，愚下之輩，女人鴨脚，姨婆之徒，脚下平如板者貧賤，（袁柳莊相）

脚下可容龜者富貴，一主三公封侯，（神相全編）足指纖長指忠良貴顯，足指端齊者豪邁之賢，（水鏡集）

足薄指長沒兒郎，（神相全編）

獨中指長，客死他鄉，足指短，足心陷，足多骨，三者俱主貧賤。（柳莊相）

足下三痣，九州之權。（水鏡集）

脚心黑紫紋，至二千石，通心達理，三公刺史之位，脚下理長，位至公王，脚下旋紋，分譽千里。（神相全編）

足下有紋，大旺子孫，無紋理者下賤，脚下有龜理紋，主一世清名。（水鏡集）

脚下三紋，主公王將相。（神相全編）

足下禽紋，主八位之職，足下有紋如錦綉者，食祿萬鍾，足下有紋如花樹者，積財無數，足下有紋如剪刀者，藏鏹巨萬，足下有紋如人形者，貴壓千官，有三策紋者，福而祿，有螺紋者富而貴，兩小指皆有，謂之十螺紋，主性鄙怪，十指皆無紋者，多破敗矣。（麻衣相）

總之，足底之紋，宜直不宜橫，宜雙不宜交亂，如亂多刑，子孫亦遲也。（柳莊相）

毛

歷考諸書，俱無毛論，然亦有吉凶貴賤之分，不可忽也，如額生寒毛者，幼必損毋。（銀匙歌）

額生寒毛，愚而剋妻，女主剋夫。（神相全編）

面上無寒毛，貧窮逃外鄉。（柳莊相）

耳內毫毛，定是長生之客。（神異賦）

痣生雙毫，必生貴子，毫生痣上，總主俊豪。（柳莊）

胸上生毛性躁。（柳莊）

胸有毫毛，必能成家，若粗而多，反主性暴。（水鏡集）

胸上生毛，性非寬大。（神異賦）

乳上生毫三根主吉，生子貴，毛如草亂多者無子，背上生毛主勞苦，手指生毛者好。（柳莊）

股肱無毛，主破祖貧窮。（銀匙歌）

腿上無毛、子孫不孝。（柳莊）

腿上生毛，一生不犯官刑，如軟長者有福，毛硬粗短者，亦主招刑。（水鏡）

足面有毛，家必殷實。（人倫大統賦）

脚上多毛者好，柔細者貴而祿，粗大者賤而貧。（神相全編）

足生軟毛主安樂。（柳莊）

身上毛粗主貧窮，身上生毛非達器。（神相全編）

腹大無毫，空求名利。（水鏡）

臍下穀道俱有毛，一生不招陰病，不畏鬼神。（柳莊）

穀道亂毛，號作淫秒。（神異賦）

穀道無毛，一世貧窮。（神相全編）

陰毛要三七之內生，宜黃宜軟，主貴，如草主賤，硬主賤，生早夭，生遲淫，如亂草亦主淫，昔呂太后陰毛長尺八，黃如金色而拳，名爲金線纏陰，主極品，亦主淫，若長若黑，乃刑殺之婦，雖貴不久。（柳莊）

陰上無毛，亦主淫賤。（西岳先生）

陰毛太多者，爲膀胱火盛主賤，陰毛逆生者，主夫婦不相和睦也。（神相全編）

紋

惟論人之紋，關係極大，能變乎凶，而

變乎吉也。（水鏡集）

額紋之貴賤，如額方廣豐隆，而有好紋者，則爵祿崇高也，倘額尖狹缺陷，再有惡紋者，則貧賤無疑矣。（神相全編）

三紋偃上，名偃月紋，主朝卿，三紋偃上一紋直，名懸犀紋，主節察武臣，王字紋主封候。（神相全編）

四邊無紋，侵破。（水鏡集）

天中一紋下至印堂，名天柱紋，主卿監，印堂上二紋直上寸者，名鶴足紋，主刺史，井字紋主員外郎。（神相全編）

十字紋主富吉，田字紋主富貴。（萬金相法）

田紋偃止一紋直者，名曰懸鍼紋，主節察武臣。（水鏡）

女字紋主榮顯達，乙字紋京朝之職，山字紋主侍從之榮，三橫紋繞者，主早喪父。（神相全編）

短亂者凶，長而兩頭垂下者，名曰華蓋紋，主孤，一橫紋而曲者，名曰蛇行紋，主客道路死，烝字紋從眉根起，主憂慮刑厄。（水鏡集）

額上亂紋交差，貧苦多災，額上大字紋主災殃，額上川字橫紋主壽，額上微成大字者，主忠臣位祿千鍾，女子額上有三橫紋，妨夫剋子，天中直理，主損妻兒。（神相全

編）

天倉橫直紋，主破家。（柳莊相）

印堂井字橫紋，主忠孝佐帝王，印堂直紋主破相。（神相全編）

山根有一根橫紋，主離祖，二根橫紋離六親，三根橫紋，白手成家。（袁柳莊相）

鼻上橫紋尅子，交鈎鼻上，主盜而奸，鼻準紋痕多者心毒，懸鍼紋入印主尅妻，山紋額角為貴，八字牛角理紋主高貴，牛角小紋入眉，早苦老榮，眉上雙生鹿角紋主將軍，兩角紋眉曲斜者主刑，眉上橫紋主尅子，眉上亂紋妨妻兒，奸門亂理主淫。（神相全編）

奸門有十字紋者主打妻，魚尾紋直上天倉，白手成大貴。（柳莊相）

目下豎紋尅子，目下橫紋主孤，尅子，眼下有紋斜下者主刑。（神相全編）

顴上有紋主大破耗。（柳莊）

左橫紋顴忽起，一紋增一紀，二紋增二紀，三紋壽至期頤。（麻衣相）

臉上有紋出者壽。（神相全編）

橫紋過面，謂之破腮。（麻衣）

腮下橫紋主惡死。（神相全編）

紋侵海道，須防水患。（麻衣）

紋理入口主餓死，口畔兩縱紋，主貧賤，入口如擊物者餓死，入中亂理子息難，地

閣縱橫紋主財散。（神相全編）

地閣有一處紋主一處田莊，二紋主二處田莊。（柳莊相）

井字陰陽終自縊，結喉有紋者自縊，頷下無亂紋者吉，項上有紋爲項條，主有壽。（神相全編）

大抵，紋有明暗，氣有開閉，紋理放光、紋外紅黃，紫氣盤繞，爲陰騭紋現，必有大陰德事，紋理黑氣冲出，外紋鬱鬱而慘淡不明，主損陰騭，凶者或成羅紋，或成交叉，或成懸鍼，冲破于諸部，或勾紋現于年壽，皆主凶也，美者爲陰騭紋，或現于三陰三陽，或現于玉堂天門，或懸針轉脚，或帶介地閣，朝天紋理，如紫如銀之亮明，紫皆主吉，理紋瑩暖明潤爲生，老年無病而長年紋理暗黑乾枯爲休囚，無運而壽不永矣。（水鏡集）

黑子斑點

高者爲痣，平者爲黯，青黃爲斑。（柳莊相）

凡痣黑要如漆，赤要如硃，帶赤主口舌鬪競，兼白主憂驚刑厄，帶黃則主遺忘失脫也，生於隱處者多吉，生於顯處者多凶。（神相全編）

其有大而無色者爲黶，或大或小而不起

無色者，謂之汚，黑漆赤硃及碧如玉者，主大富貴也，不紅不黑者，非美器也。（水鏡集）

夫人有骨肉瑩白而美，便生其痣，以彰其貴也，人之體膚粗黑而濁，生其痣，以表其賤也。（水鏡集）

如生於面上者，皆大不利，如天中生主妨父，女剋夫，天庭主妨母，又主市井厄，司空主妨父母，高廣妨二親，睛眩主作賊，山根上主剋害，山根下主兵死，年上主貧困，壽上防剋妻，鼻側主病苦死，鼻頭防害刀死，鼻梁主迍蹇多滯。（神相全編）

準頭有醫陰中有，上下生醫左右同，梁柱有醫陰背上，見時敢道有神功。（麻衣相）

法令紋中醫子，左喪父，右喪母，人中求婦易，又主立身孤，口側財難聚，口角職要無，唇下多破財，舌上主虛言，口中主酒食，大海在頤處主水厄，承漿主醉死，地閣少田宅，女人地閣須憂產，左廂天中之左主橫失，尺陽高廣之左主客死，輔角主兵死，邊地主外死，輔角主下貧，山林主出傷，虎角主軍亡，刼門主箭死，青路主客傷亡，眉上主窮困，魚尾（眼稍）主市井亡，奸門主刃死，天井主水死，夫座主喪夫，妻位主傷妻，長男（左眼下）主剋長子，中男主剋中兒，少男（左眼下）主尅次子，金匱（魚尾下）主破敗，上墓（武庫下）主無職，學堂（命門右）主無學，命門（耳門）主火厄，一主作事無終。（神相全編）

耳間黑子，常招水驚。（柳莊相）

額上有七黑子者主大貴。（神相全編）

山林得一痣，主得大財。（袁柳莊相）

太陽主夫婦吉，眉中主富貴，眼上主吉利。（神相全編）

印堂當中主貴，又主官事，耳內主壽，耳輪主慧，耳珠主財。（神相全編）

臍含黑痣，名曰含珠，主食祿萬鍾。（水鏡集）

龜頭有痣主壽，陰生黑子主貴。（神相全編）

倘痣生兩足踝骨上者，謂之勞源，主奔波，兩足底下者謂之寶藏，瑩大高起而有毫者，主封候，大而不高者發財，左乳上之左右倉主積蓄財穀，兩乳中間爲男女宮，主生貴男女，腸之上下，謂之福源，主貴好子，在臍兩傍爲左右野，主小貴。（水鏡集）

此外又有，前賢之異者，如朱夫子左面七痣，關夫子頸聚七星，文王一痣，生於四乳之中，張守珪足底一痣，貴爲刺史，安祿山左右俱有，後果兩處刺史。（水鏡集）

漢高祖左股有七十二黑子，則見帝王之

蠕相。（神相全編）

雀卵主妻子難爲，作事犯重，愛便宜，女人主傷夫剋子，夭壽不吉，豆斑者，其主亦同，然更多奸詐，男主剋妻，子女亦然。（神相全編）

面多斑點，恐非老壽之人。（神異賦）

人白斑黑，主聰明好色，人白斑黃主愚賤，瘦人年少，面上及身生斑，主促壽，肥人有斑主壽，土形人宜斑，餘俱不宜，大概，少年主夭，老年主壽，大爲斑，小爲點，少年點不妨，大忌斑，老年更喜斑，點亦無碍。（袁柳莊相）

凡人面身上，忽然生紅黑斑點數十點者，此屬內敗，近死之兆也。（醫書）

骨

骨爲主，爲形，爲君，肉爲佐爲容爲臣。（神相全編）

骨屬陽，肉屬陰。（洞元經）

平穌則無災，陽勝陰主孤剋，陰勝陽多夭折，須知骨欲峻而圓，不欲橫而粗，骨寒而縮，非貧卽夭，骨聳者夭，骨露者無主，骨輭弱或骨肉堅硬者，皆主壽而不樂。（神相全編）

男人骨硬必貧賤，女人骨硬必刑夫。（柳莊相）

骨橫者凶，骨輕者貧賤，骨俗者愚濁，骨上有筋者勞苦，骨孤者無親，骨圓者有福，木骨瘦而靑黑，兩頭粗大，主窮厄，水骨兩頭尖，主富貴，火骨兩頭粗，主奴賤，土骨大，皮粗厚，主富多子，此總論渾身之骨也。（神相全編）

考頭有七十二骨，內最佳者不一，額取八骨，如伏犀骨，日月骨，邊地骨，福堂骨，龍角骨，虎頸骨，印綬骨，金城骨者，是也，頸頂骨圓而平起者賢，天庭骨方潤而豎起者貴，日月骨角起者神，鼻梁骨伏犀骨起者靈，顴骨插起者威，枕骨隱起者貴壽，眉髓骨起者英發，頦骨朝起，而鬚淸髭硬者晚榮，旋生頭角骨主晚福，或旋生頤骨，則主晚年至富也。（水鏡集）

左目上爲日角骨，右目上爲月角骨，日月角起者主大貴，日角之左，月角之右，有骨直起者，爲金城骨，位至三公，骨齊耳爲將軍骨，額中正兩邊爲龍角骨，須陰陽骨肉調勻，皆爲上相，印堂有骨，上至天庭，名天柱骨，從天庭貫頂，名伏犀骨，二者主位至三公。（神相全編）

伏犀骨起，定作元臣。（人倫大統賦）

然伏犀骨易得，而單犀骨最難，伏犀從鼻梁骨貫印，單骨從準頭至頂。（水鏡集）

面上有骨卓起爲顴骨，主權勢，顴骨相

連入耳，名王梁骨，主壽考，顴骨入鬢名驛馬骨，太陽穴有骨名扶桑骨，耳後有骨名曰壽骨，低陷者貧夭，耳上有骨名玉樓骨，主福壽，天中骨起主富貴，缺陷無田地，又有頭額骨凸，腦後骨高，常受孤貧者，此必骨露無神也，更有頂骨尖起者貧，天庭骨聳出者尅，日月骨陷露者刑，腦骨插露者凶，鼻骨橫出者惡，兩倉骨陷出者貧，眉骨露而無眉無肉者，刑妻尅子，總之，骨取豐而起，皮取厚而潤，骨肉平和者俊，更加神氣來助便爲秀，骨勝而少氣者爲弱，肉勝而少骨者爲虛，是以一生福壽，惟取頭骨可封也。（水鏡集）

頭骨已明，宜詳手足，手骨宜重，重者福重，輕者福輕，清受清福，濁受濁福，骨多肉少，有福無祿，肉多骨少，有祿無福，骨肉相稱，雙全福祿，掌喜有骨，骨露則寒，寒主貧，手若骨露，六親無力，凡有獨骨者，老必凶亡。（神相全編）

手後曲處骨出者，謂之破財骨。（柳莊）

腕無孤骨主官榮。（玉掌記）

自臂至肘爲龍骨，象君，欲長而大，自肘至腕名虎骨，象臣，欲短而小。（水鏡）

脚骨節强，妨非一兩，又主辛苦也。（神相全編）

肉

肉屬土，生血而藏骨，豐不欲有餘，有餘則陰勝於陽，瘦不欲不足，不足則陽勝於陰，所以瘦者不欲露骨，肥者不欲露肉，骨與肉要相稱，氣與血要相應，若陰陽相勝，卽一偏之相也，肉喜堅而實，直而聳，更欲香而煖，色欲白而潤，皮欲細而滑，皆美質也，若色昏而枯，皮黑而臭，麁多加塊，非好相也。（神相全編）

瘦有精神終必達。（金鎖賦）

瘦人髮黃主貪奸，肥人面赤主性惡，蛇皮主破家，天寒沙皮多起家，初年不妙。（柳莊相）

肉緊皮粗，急如綳鼓者主夭，暴肥氣喘，速死之期。（神相全編）

二十之上肥主死。（麻衣金鎖賦）

肉橫主性剛而暴，肉緩主性懦拍人，肉紋路漏主近死。（神相全編）

凡生肉先從腰上生爲有用，胸上面上生，非好相也。（柳莊相）

若夫神不稱枝幹，筋不束骨，肉不居體，皮不包肉，皆速死之應也，次究手肉宜多，肉多食祿多，肉少食祿少。（神相全編）

聲

金聲和潤主富，木聲高唱，水聲圓急，火聲焦烈，土聲深厚，如在甕中，聲輕者，斷事無能，聲破者，作事無成，聲濁者謀運不發，聲低者，鹵鈍無文，淸吟如澗中流水者極貴，發聲溜亮自覺，如甕中之響者，主五福全備之人也。（神相全編及水鏡集）

聲喜淸而圓，堅而亮，緩而烈，急而和，長而有力，勇而有節，大如洪鐘騰韻，鼉鼓振音，小如玉水流鳴，琴徵奏曲，見其色粹然而後動，與其言久而後應皆貴人之相，故貴人之聲多出於丹田之中丹田者聲之根也舌端者聲之表也，小人之言，由舌而出，如急而嘶，緩而澀，深而滯，淺而燥大，大則散，散則破，或輕重不勻，嘹喨無節，或如破鑼破鼓之響，或如犬羊之鳴，皆賤薄之相也，男有女聲，主剋子貧賤，女有男聲，主妨害，終身不榮，剋夫，女聲急切，妨夫一絕，男人開聲無韻主貧，女人開聲無韻主賤，乾濕不齊，謂之羅網聲，大小不勻，謂之雌雄聲，或先遲，後急，或先急，後遲，或聲未止而氣先絕，或心未擧而色先變，皆夭賤之相也，身大聲小者凶，自言自語主招鬼迷，壽夭。（神相全編）

行

忽然聲躁主重疾，乾韻主死。（柳莊相）

龍行虎步至貴，鵝行鴨步豪富，鶴行聰明，鼠行多疑，牛行巨富，蛇行性毒夭，雀行食不足，鵲行孤獨，龜行壽相，馬行辛苦。（神相全編）

貴人之行如水流，而體本不搖，小人之行，如火炎上，身輕脚重，行不欲昂首，而脚不欲側，身不欲折，脚高則亢，太卑則曲，太急則暴，太緩則遲，周旋不失其節，進退各中其度者，至貴也，忌脚折，頭忌低，發足欲急，進身欲直，起步欲濶，府然不往不礙滯者，貴相也，脚根不至地，主貧而夭，發足如奔，散走他鄉，行步沉重榮貴，行步輕驟貧賤，行步趨越聰明，行步跳躍孤獨，行不低昂富貴。（神相全編）

行步即喚回頭，左轉有官職，右轉無官無衣食。（許負）

立定先舉左足者貴，右者賤。凡行步低頭多思慮，自言自語主貧賤，行時一跬步而一俯一仰者主賤。（許負）

行似龍騰，此相超羣胆志。（呂純陽）

狠行虎吻，機深心事難明。（神異賦）

頭先過步，初好晚貧。（神相全編）

坐

行動屬陽，坐靜屬陰。（水鏡集）

坐如山據者貴。（玉管訣）

坐如釘石者貴，反身轉首，入坐如狗，不端不正，貪薄之相，搖膝者主財散。（神相全編）

臥

臥安靜者主福壽，如狗蟠爲上相，如龍曲主貴，愛側臥者吉壽，少睡者神清而貴，易覺者聰明，喘息調勻者壽長。（神相全編）

睡後氣從耳出，貴則無疑。（神眼經）

睡而口開者短命，眼開者惡死道路，夢中咬牙者兵死，亂語者賤。（神相全編）

臥中切齒，尅妻害子，臥中大狂叫，主遭惡人死，臥中吹火，少年主刑死，老來不善終，臥中嘆氣，決非吉兆。（袁柳莊相）

臥中氣吼者愚而易死，仰形如屍者苦夭，合面覆臥主餓死，就床便困主頑賤，多展轉性亂，多睡者神濁而賤。（神相全編）

老來多睡主死，少年多睡主愚，常人伏臥主死，病人伏臥主生。（柳莊相）

難醒者愚頑，出氣多入氣少者短命，氣出噓噓之聲即死，若睡中輕搖未嘗安席者，下相也。（萬金相）

食

虎食將帥之權，猴食使相之位。（神相

全編）

牛嚙福祿。（五總龜）

羊食尊榮，鼠食餓死，馬食賤貧。（神相全編）

食欲快而不欲留。（神相全編）

食欲詳而不欲暴，啜不欲聲，呑不欲鳴。（張紫菱）

所以舉物欲徐而有序，嚼物欲寬而有容，下手欲緩，發口欲急，坐欲端莊，首欲平正，急而不暴，遲而不緩，廉節者爲貴，含物不欲語，嚼物不欲怒。（神相全編）

食急易肥，食遲易瘦，食少而肥者性寬，食多而瘦者性亂。（水鏡集）

食急性暴。（五總龜）

食緩性和。（神相全編）

仰首含物寒賤。（水鏡）

如食而啄者貧窮。（五總龜）

歛口食純和，哆口食不義、食而齒出者辛苦命短。（神相全編）

食而淋落者餓死路。（五總龜）

嚼在舌頭，一生寒苦，咽食遲顏，終身窮苦，食時哽咽，作沃沃之聲，主蹇滯。（神相全編）

形

獸形多富，禽形多貴，龍形隱隱，虎形

步濶頭藏，猴帑睛圓黃，耳鼻俱小，頭小，性快不定，主財祿壽，難言老後之兒，兔形性癡，多自怯，眼正鼻露，鳳形項長肩圓長直，女得此亦貴，牛形舌唇齊鼻大面長身濶，主一世安逸有錢，鳳形眼秀，牛形睛圓，此乃一陰一陽之大貴格也。（柳莊相）

土形一瘦卽死，金形一肥難生，水形忌嫌土剋，金形準紅多迍，似木不木難貴，似金不金難榮，似水不水反好，似土不土安榮，五行切忌犯尅，生扶可以爲榮。（柳莊相）

金形人必端方，眉目清秀，耳正面方，唇齒得配，手端小而方，腰腹圓正，色白氣清者，爲正，金逢厚土，足寶足珍，而事隨心願，準頭三陽，不宜帶赤，若土內埋金之象，主多災難，輕則破家，重則死亡，所忌火旺，然氣清色冷，又宜微火，爲寒金遇火煉，方成大用，金形帶木，斲削方成，初主蹇滯，末主超羣，金形要帶黃忌紅，此氣色之生尅也，金形爲義主方，得其五方，氣色不雜，精神不亂，動止規模，坐久而重也。（神相全編水鏡集合摘）

木形人必瘦，直節堅，目秀鬚清，唇紅紋細，體長挺直，腰瘦圓滿，手紋細潤，方爲梁棟，頭面骨瘦，鼻直目長，肩背挺直色青者爲正，如纍偏削枯薄，浮肉浮筋，露骨露頂者，大忌，木水相資，富而且貴，文學英華，出塵之器，木形宜帶些些之火，爲木火通明之象，木形多金，一身剝削，父母早刑，妻子不成，些須帶金，還是求名之客，木形要青，喜帶黑，忌白，此氣色之生尅也，木形爲仁主長，得其五長，氣色不雜，精氣不亂，動止溫柔，涉久而淸也。（神相全編水鏡集合摘）

水形人必圓肥，肉重骨輕，黑潤面圓，後看如伏，面觀如仰，腹圓臀圓，指掌肥圓，耳目口鼻皆兼肥圓者爲正，切忌氣粗色暗，骨露肉浮，皮白如粉，倘色紅無鬚，皮滑肉冷，皆主無子，水得金生，名利雙成，智圓行方，明達果敢，水形遇土，忽破家財，

疾苦連年，終身迍邅，水形要黑，喜兼白，忌黃，此氣色之生尅也，水形爲智主圓，得其五圓，氣色不雜，精神不亂，動止寬容，行久而輕也。（神相全編水鏡合摘）

火形人必上尖下濶，行動躁急，面紅鬚少，鼻目口齒皆露，耳高尖反，頭長而尖，髮鬚赤而少，聲音焦烈者爲正，主聰明，氣色光彩紅潤發家極速，但貴在武職，富不能萬金，火形少子，如財星方高者，可許一二，火局遇木，鳶肩騰上，三十爲卿，功名蓋世，火形水性，兩不相並，尅破妻兒，錢財無剩，火形忌口大，爲水尅火也，火形要紅喜兼青，忌黑，此氣色之生尅也，火形爲禮

主明，得其五露，氣色不雜，精神不亂，動止敦厚，臥久而安也。（神相全編水鏡合摘）

土形人必厚重，骨重肉輕，頭面厚大，鼻準豐隆，口濶唇厚，腰背如龜，聲重，手足皆厚頭圓頂短，氣魄廣大，色黃明者爲正，如肉薄骨露，神昏色滯氣暗者，乃土形不得土格土性，不貧則賤矣，土添離火，戊己丙丁，愈暖愈佳，其道生成，土逢重木，作事無成，若非夭折，家道伶仃，土形要黃，喜兼紅，忌靑，此氣色之生尅也，土形爲性主厚，得其五厚氣色不雜，精神不亂，動止敦厚，處久而靜也。（神相全編水鏡合摘）

神氣色

得神者昌，失神者亡，此總言也。（醫經）

相神在眼，惡則傷和而招禍，露則魂遊而夭亡，宜望有畏而近則喜，此主貴。（神相全編）

寧可神有餘而形不足，不可形有餘而神不足也。（神相全編）

神有餘主貴，形有餘主富，神驚夭，神急懼。（神相全編）

面之一年氣色，有二十四變，半月交節一換，應在子時，按週天之二十四節氣五行配之，無有不驗，氣色有輕重之分，朝見于面，暮歸臟腑，欲知其形狀，大如毛髮，小如蠶吐之絲，長者，不過一寸，短者似一粟米，又如塵末，或衰或盛，有休有咎，但以形部五色參之，氣在皮裏，色在皮外，氣色中有霜上雪，雪上霜之辨，霜上雪，如內黑未退而外黑加矇，雪上霜，如油垢之氣盈面，而外又起一層，似霜遇凍之象，皆凶兆也，形滯相重，神滯眉不開，氣滯言懶，色滯面塵。（神相全編）

形滯行必重，神滯形必開，氣滯聲必硬，色滯面塵埃。（風鑑歌）

神不快滯八年，氣滯五年，色滯三年，且又有金木水火土之滯，犯此滯，十年之淹蹇也，十年後開則退，暗則凶矣，面白而乾枯無潤爲金滯，面靑而藍晦無光爲木滯，面黑而烟霧濛濛爲水滯，面紅而縞裏焦赤爲火滯，面黃而凝滯如泥爲土滯，土滯多疾病，金滯多貧困，木滯多災厄，水滯多官非，火滯多破敗，犯此者諸事不吉，安守氣轉色開，方亨泰也，次又有神氣色三餤發富貴也，神餤發貴，氣餤發財，神氣不餤，獨色鮮艷，易敗也。（水鏡集）

氣更有風土之不等，浙人氣重而不明，閩人氣明而不重，南人氣淸而不厚，北人氣厚而不淸。（水鏡）

蓋天下之地土，冷暖之非一，而氣色之不同，聲音之各有別調也。（水鏡）

淮人浙人俗于氣，淮人氣重而不響，浙人氣明而不清，北人氣深而無韻。（貧女識人論）

是知氣在聲，而見于音也。（水鏡）

凡觀色看手，飲酒不相，有早晨相之，開掌未可便相，少待片時神定色見相之，有色無氣爲浮光，有氣無色爲明亮，油光而滑艷者爲油垢，三者皆非氣色。（神相全編）

水色重，往南，火色重，往北，青色宜往東，白色宜往西，赤重千里之外可免，黑重自守其災，黃色東南得利，此出門訣也，然須兼看驛馬要黃明。（袁柳莊相）

犯色不宜行事，赤忌丙丁火日，主不利，紅忌壬癸水日，黑亦忌水日，黃忌甲乙木日，白忌火日，青亦忌甲乙木日（袁柳莊相）

相中最難，惟神與氣，如能辨正，決斷即易，究其二者之由，水爲精，火爲神，火心水腎，精全而後神生，神生而後氣備，氣備而後色成。（風鑑歌）

水是天一生，火是地二成，精合者然後神從之。（水鏡集）

故神能留氣，氣不能留神，氣能留色，色不能留氣，神散色亂，不足取也。（神相

全編）

神氣散聚，少孤破家，氣散神聚，作事不定，神與氣合主神深，遠而清秀者貴，癡神，不過四十，神重肉緊，主作事準，神重肉慢，老來貴，面上神光不散，似有似無者，主公侯，夜視神光含眞，左臂高，肉露如玉，坐立有體，身雖瘦，主大貴一品，神急氣有餘，性能忍事，亦屬佳相，骨氣清，神氣濁者可顯，骨氣濁，神氣清，徒讀詩書，神氣骨俱濁，下賤之人，神氣清主貴，太清曰孤，孤而露則貧，神氣濁亦有貴，太濁曰愚，濁而暗則賤，濁中清，主福壽高貴，濁中骨堅毛清，主聰明易貴，元氣足，嶽有神，此屬眞清主貴，然清怕寒，濁怕實也，清者纖瘦，神長主貴，濁而有神謂之厚，厚者多福，濁而無神謂之軟，軟者必孤，不孤則夭。（神相全編）

貌古神清，多爲僧道。（西岳先生）

再詳清奇古怪，近於寒俗陋薄之類也，清相近於寒，清而無神謂之寒，奇相近於陋，奇而無神謂之陋，古相近於俗，古而無神謂之俗，怪相近于濁，怪而無神謂之濁，一曰清，肉白而弱者似乎薄，殊不知寒薄中有骨清肉潔之美，目光有不動自明之妙，耳白如霜，紅色貫輪之秀者，乃清相非薄相也，二曰奇，目露眉濃而貌偉者，似乎濁，殊不目露中得內光含囮，眉雖濃，細緊中得伏彩之秀，眞奇相非濁相也，三曰古，骨露眉寒者似乎俗，殊不知孤露中有肉瑩氣暖之貴，齒雖疎黃，得濕潤版長之堅，又得神安氣靜者，乃古相非俗相也，四曰怪，形醜面黑而身粗者，似乎濁，殊不知醜陋中有眼若龍鱗之威，鼻準高露，唇紅齒銀，氣魄厚而神光深者乃怪相，非陋相也。（水鏡集）

古而無神謂之露，露而無氣謂之孤，清而無神謂之寒，寒而無氣謂之亡，怪而無神謂之粗，粗而無氣謂之枯，奇而無神謂之薄，薄而無氣謂之弱，秀而無神謂之衰，衰而無氣謂之虛，異而無神謂之醜，醜而無氣謂之拙，端而無神謂之黯，黯而無氣謂之敗。（楊氏論神氣）

氣乃神之母，色之父，週流于五臟六腑之間，七情七泛而發于表，始則爲氣，定則爲色。（提徑云）

卽五參其聲氣，如有寬可容物，和可接物，剛可以制物，清可以表物，正可以理物，不寬則隘，不和則戾，不剛則懦，不清則濁，不正則偏，視其氣之深淺，察其色之躁靜，量然後者，始得而進退矣。（水鏡集）

考醫經以一呼一吸爲一息，晝夜計一萬三千五百息，今觀人呼吸有疾遲者，然亦關及乎相也，如古之人言猶未盡，理氣長而舒者，福壽，氣和而靜者慈善，氣出入無聲，臥而不喘，謂之龜息，主富，已詳于臥中矣，今之人多氣急而促者夭薄，氣暴而躁者凶刑，呼吸氣盈而身動，近死之兆也，至于肉中之氣，如烟之發于四肢，散如毛髮，聚如米豆，望之有形，接之無迹，故山有石則谷響，人有實則氣清，更推及有肉而無氣者，猶如蠹木，外雖有而內已空，無肉而有氣者猶如松柏，久枯，皮膚尙潤，根蒂深遠。（神相全編）

氣柔而散者，有祿多難，氣衰而神滯者夭，氣變而削者夭，實者壽而虛者夭（神相全編）

氣質沾戾者，多病而夭，氣清而神短者，聰明而夭，氣昏而神寒者，孤貧而夭，氣亂而神驚者，癡疾而夭，氣浮而神奔者，敗家而夭，氣暴而神泛者，禍侵而夭，氣執而神戾者，無子而夭，氣橫而神挺者，犯刑而夭。（水鏡集）

將氣如紫成片主貴，庶人難得，官員巨富，似紅氣主喜，黃氣散，青氣如霧，紅氣似裹，火氣在皮上主災，以上氣須看厚薄，即貴人亦有輕重肥瘦粗細清濁等，皆要秀媚，不在形骨部位推之。（神相全編）

夫欲觀其相，先看其形，次認其色，頭為一身之主，故吉凶氣色，先發于面，有七種之分，曰青黃赤白黑，有紅紫寄在其間，當在清晨起身之時，相定何色，若失之毫髮，卽有差謬，色無光不可謂之色，蓋無光則虛色矣，色光則性靜，色暗則情亂，如花之易盛易衰，雖暫榮而不能經久，曰色嫩，如松柏枝葉，久而淸光，寒暑不變，曰色老，如草木一日百變百秀而無定曰色雜。（神相全編）

色暗如淡雲蔽日，色光如秋月遶天，色快如長流之水，色滯如汚地之水。（神相全編）

色之生者，青如翠羽，黃如蟹膏，赤如鷄冠，白如猪膏，黑如重漆，色之死者，青

如靛，黃如枳，赤如赭，白如鹽，黑如煤。（內經）

滯中有明，憂而變喜，明中有滯，吉而反凶。（神異賦）

大抵浮主未來，沉主過去，浮沉相並，去去還來，色定爲災發，深則應近發，淺則應速。（神相全編）

氣色現而安靜者，應之遲，若點點欲動不定者，應之速。（人象大成）

老年色嫩壽年傾。（麻衣相）

老年色潤，一主刑妻剋子。（柳莊相）

老年色嫩招辛苦，少年色嫩不堅牢。（金鎖賦）

山根色重，小民陷獄，官防削職破財，遠動千里，面上忽發，凡事不吉，百日內見奸刑，或無貴而色頓開者，亦非祥瑞，不可明言，先準頭開而後印堂，內庫，驛馬，龍虎角，日月角，皆開，此爲相應主吉，不必要天庭透足也。（神相全編）

青色重，往東南，反得重利，若往西北，必有災殃紅色一重，必作赤色，偏宜往東北，水木旺鄉，可反凶爲吉，若從南方火土旺地，災必至矣，赤暗色重，亦可往北方，或遠行，方免其災厄，凡黃色，不拘諸謀爲，宜在南地，或火土旺月方好，水旺之方不利，故冬季忌黃色生口，乃土不宜尅水，反吉還凶，白色旺在北方，死絕在東地，不喜東南方，只宜西北，求謀行動方好，此吉凶之方位也。（袁柳莊相）

水多遭難，宜在東方可脫，火多金難，宜往北地方安，水弱土多，還可西方助其根本，如火來尅金，宜往水地，金來尅木，宜往南方，一面木色，宜行火地，一面水色，急去東方，大概氣開色潤，可求謀行動，色閉氣昏，宜守，發在某宮，定在某月，現在某位，某事可知，知者預防一半，堅守可免凶危。（袁柳莊相）

色雖已詳，再考分辨，如動色者，論神論氣，可觀面目，論色論光，可觀準印，印堂乃氣色之聚處，準頭乃氣色之發處，印堂氣色黃明如蠟，紫如絳緖，內氣深明而外色微暗，猶如月晦重明之象，宜乎動，準頭氣色如新開，嫩黃紫彩，燄燄有光而發出，盈于面耀于目者，宜乎動．鬚眉有翠綠紺青之光，毛髮有離垢精彩之潤，求官求祿，名利無往而不吉利也，守色者，四瀆似明不明，似昏不昏，謂之流散，五岳似暗不暗，似朦不朦，謂之氣滯，宜乎守，暗內淡明，一面氣色不開，獨發一二潤處，宜乎守，此色主吉凶易進而易退也，散色者，有色無氣爲散，滿面光彩，青黃黑白，花雜不一爲散，明中閉明，暗中開暗，亦爲散，面

色淡白無氣，亦爲散，面明，耳鼻俱暗，眼光黑，珠微亮，白睛泛泛不定，亦爲散，此數件俱主敗，宜安分可免其半，名利動則有變，聚色者，凡氣足色內明爲聚，色暗而四庫新開，微黃紫色亦爲聚，掌色定，面外暗而內瑩明爲小聚，或紅黃，或青黑，氣色之上如燄，片片翠綠，微微鮮紫，點點霞青，深深淡紅，淺淺嫩黃，得此艷麗之色，爲大聚，能開諸滯而能退諸凶，血氣瑩暖，眸光射目，白睛貫神，而神通五岳，氣秀鬚眉，便是面色不足而色暗，亦爲大聚，多則半年而興旺，少則一季而興家，有此聚色，愈動愈吉，財利遠至，功名即大成也，變色者，

色暗復變而明徹爲變喜，明中鬱鬱，而復暗，爲變凶，或有氣而無色，或有色而無氣，乃易變易更也，色明而日月昏朦，亦易變其凶也，色暗而目有守精，爲有鎮定之光，雖大凶不凶也，若或而現紅黃，或而現青黑，一日一變大不如，三四日一變亦不如，如紫而變微赤，紅而變微黑，黃而變微焦，皆爲變凶，有此變亂不定之色，雖有十分好色，亦不爲美，如氣色青黑赤暗中，若帶微微嫩黃色來，便能變吉，皆發在土星之上，印堂之中，五山之頂，方爲有用，唯黃色乃脾之神，又爲五色所變，每季各旺一十八日，見之變吉也，紫色乃五色中精彩，故無論青黃赤白黑中，見之有吉而退凶也，唯目中之氣，乃心肝脾肺腎之五氣所生，故曰神能留氣也，成色者，凡功名成事，求謀財喜，俱宜耳明潤紅，鼻準瑩盈，方爲喜兆，如神耳鼻準不明，滿面光亮，决非喜兆，顴準部有此瑩然紫色，目神明徹，當利見大人，如神準色滯，雖未見凶亦無吉也，害色者，年壽赤，忌官刑害，四庫暗，忌途路女人害，井竈赤，忌破耗之害，山林赤，忌火光之害，印堂青，忌牽連之害，花雜滿面，忌出行之害，地閣黑，忌水厄之害，目色或深黃，或泛綠，必主大害，凡遇此色，防大人見怪，魔鬼暗損，宜守可免其小半，動則有驚害之患矣，利便色者，暗中自有溫潤榮暢，隱隱而明于內，耳準顴印俱瑩，掌心氣潤，皮血光彩，眼內神足貫盈，行事俱利，其色雖面薄薄徵暗，額準及顴頦五岳，紫氣深明，行事利便，凡有此色，乃無往而不利，進退俱吉也，蹇滯色者，乃下元濁氣，皮土不和，五臟不潤，故爾色滯，四庫如泥，耳準如烟，三陽不開，滿面如濛，諸事蹇滯，一面徵明，目起障色，爲陰合而陽散，作事蹇滯，面黃凝滯如泥，爲犯土滯，面青藍晦無光，爲犯木滯，面紅縞裹焦赤，爲犯火滯，面黑烟霧濛濛，爲犯水滯，面白乾枯無色，爲犯金滯，面光骨滑如油，爲犯神滯，此皆大忌之

色，少年有此，二十年蹇滯，末年有此，終身無運，乃大窮大蹇之色，進退皆不利，宜作陰騭佛事，乃能開發，其滯可免，滑澀色者，氣色各有不同，另有一看，如油潤在琉璃之上，色重如丹青畫，雖紅潤，肉氣不應，外色不來，獨發一滑一澀，若調油侵垢之色，乃氣色中浮泛而將變之氣，故滑澀非是美色，若非隸卒，卽是娼優，便有清爽處，亦主破刑受祿去職，庶農者受其殃，故滑澀一來，災不遠矣，光浮者，與滑澀不同，澀另有一說，白如粉，灼灼滿面，故爲光浮，有此色，敗家之子，少年有損，老年辛勤，若重必犯刑名，女多且酷，難言有子，破敗

至萬分狼狽，富家之子，得此必要貧窮，光浮非是美色，乃精神浮泛而將變之色，乃是禍殃之根，有百千之忌，無一可取也。（水鏡集）

青爲東方之色，五行屬木，木天三之數，內應肝，肝藏魂，肝之竅爲眼，旺于春，相于夏，囚于秋，死于冬，春行秋令則傷肝，其色，榮暢條達，如竹柳葉者爲正，其色初起，如銅青之由漸而來，草木初生之象，欲去之時，如碧雲之色，霏霏然落散也。（神相全編）

青色春令爲正，太過爲災，春三月，顴青爲旺相也，然先憂驚而後喜，夏月青爲木

生火，太盛主悲憂美惡相半，一主父母喜事，應在五十，一主破財亡身，必青中兼滯也，秋令爲金尅木，主財喜相半，或進人口，冬主破財尅子，防有不測之禍。（神相全編）

黃爲中央之色，五行屬土，土天五之數，內應脾，脾藏意，脾之竅爲口，旺于四季，相于春，休于夏，囚于秋，死于冬，其色敷潤貼肉，不凝不浮者爲正，如蠶吐絲，將盈之時，來之未結，或如馬尾，欲去之時，如柳花之色，搏聚斑駁。（神相全編）

黃色在春爲相剋也，主死，然亦有主旺財者，應在七七日內，更有主諸事稱心，及

進入口者，其吉凶在神分焉，爲相者須細辨之，夏月黃主吉，又火生土爲滯氣，主憂財相半，夏月額[illegible]黃白二氣色，爲相生也，雖相生，白色先吉後凶，黃色先凶後吉，秋令黃色爲土生金，主謀事有成，添丁財喜，如冬令黃爲土剋水，主驚，家宅不安，及禍患。（神相全編）

赤爲南方之色，五行屬火，火，地二之數，內應心，心藏神，心之竅爲舌，旺于夏，相于春，囚于冬，死于秋，夏行冬令則傷心，其色，光澤華秀如脂塗丹爲正，將盛之時，炙如絳繒，欲去之時如連珠，累累而去。（神相全編）

赤色春令爲相生也，然先口舌或官司而後大喜，春令兩顴赤者官事，春令鼻赤，主有杖棒，家下人口瘡疾血光之災，正月赤濁，七日違和，夏令赤色爲正，氣旺發財，過旺主公訟口舌，夏月在額顯赤色旺也，主官司口舌而後吉，五月爲應時，秋令赤色，爲火剋金，主大禍公訟卒哭，重重不足，家下虛驚恐怖，百不如意等事，七月赤氣財喜，九月地閣，十月天空，如赤色者，官災病死，冬令赤色爲水剋火主死。（神相全編）

紫爲吉祥之色，與黃色同斷，旺於四季之中，更無休囚不足，其色初起如兔毫，將盛之時如紫草，欲去之時如淡烟籠枯木。（

神相全編）

考紫色在皮外膜內，乃紅深鮮利，不散不談而隱隱深藏，榮榮堅久，色明鮮利而微微談光，猶在肉裏而透出皮外，爲正紫色，紫色乃大貴色也，欲深藏，而不宜明露，然十分不露又爲暗滯，乃太過與不及，俱不驗矣，若一散一亂一老一淡，非作紫色也。（水鏡集）

紫色春令主喜，兼紅主妻妾有喜，三十日應，又主財，正月紫主吉，五月紫氣三月內有財，夏令紫主不祥，及破財多病，忌出行，如紅，得貴人力，三五日應，秋令爲火剋金，主得財添貴子，冬令爲水剋火，主憂煩破財，宜行善免災。（神相全編）

紅色與黃色同意。（神相全編）

紅色多在皮外膜內，其色紅活談談若動，有光而勢大，點點分明，絲絲明潤，方爲正紅色爲喜，爲祿，爲福，爲財，連片一散，不成斑點不驗矣。（水鏡集）

紅色乃有吉有凶，紫色乃有吉無凶。赤色乃有凶而少吉也。（萬金相法）

白爲西方之色，五行屬金，金，天四之數，內應肺，肺藏魄，肺之竅爲鼻，旺于秋，相于冬，囚于春，死于夏，秋行夏令則傷肺，其色溫潤如玉，經久不變爲正，白色初起如塵拂，將盛之時，如膩粉散點，或如白

紙，欲去之時，如灰垢之散。（神相全編）

白色春令爲金尅木，主官災，或病，十日見，又主妻子災，六畜失，春令上唇白者，主自己肚腹之病，夏季爲火尅金，主發財大旺，或諸事如意，一主死，一主刑害，在十日中應者，在秋爲正色，主大發財發祿，如其色太過，則主外孝，又主口舌破財，冬令爲金生水，主有財祿，百事稱心，又主得貴人力助，在五十日應，或得財喜。（神相全編）

黑爲北方之色，五行屬水，水天一之數，內應腎，腎藏精，腎之竅爲耳，旺于冬，相于秋，四于夏，死于春，冬行夏令則傷腎，其色條暢風韻，光彩有鋒鋩，顯露者爲正，黑色初起如烏馬尾，將盛之時如髮和膏，欲去之時如落垢沫。（神相全編）

黑色、春令爲水生木，主榮權及喜慶之事，淡主吉，濃主災禍，太重主死亡，春令印堂黑氣者，文章阻滯，如山根黑氣獨起者，主兄弟有災，僕馬走失，如黑氣橫過眼下入耳者，主家下哭聲，重則自己身死，兩顴爲朱雀元武，黑者破財，夏令爲水尅火，主驚憂，或破產尅妻子，不然大病，居疾厄主死，居官祿在中正主囚禁，或降官失職，秋令爲金生水，又爲泄氣，主破財大病，或兄弟上災厄，二七日見之，餘不爲凶，冬季爲

正色，然太過者，亦主重災，更有主及官災疾病，破財畜死。（神相全編）

富

凡富相必形厚神安，氣清聲揚，眉濶耳厚唇紅，鼻直面方，背厚腰正，皮滑腹垂牛齒鵝行等象，設或頭皮寬大，面黑身白，鼻如懸胆或截筒，耳大貼肉，背聳三山，聲如遠鐘，背濶胸平，腹大垂下者，爲大富，若三停平等，五岳朝歸，五長五短五露，眼丹鳳，聲似鐘者，爲次，皆財旺福厚之相也，更有手背厚，行立坐食端正，及精神秀異，舉止沉重者，亦主富。（神相全編）

貴

凡貴相，必面黑身白，面粗身細，面短眼長，脚短手長，身小聲大，不臭而香等象，設或如虎頭燕頷，日月角起，伏犀貫頂，口容拳，舌至準，眼有定睛，虎步龍行，雙鳳眼者，爲大貴，若鬚如鐵線，耳白過面，眼如點漆，上長下短，口如四字，三十六牙者，爲次，更有小貴之相，如天庭高聳，地閣方圓，溲珠便方，齒白而大，眉疎目秀，口如弓角，唇如硃紅等形。（神相全編）

壽

問壽七法，如眉高長，耳厚大，年壽豐

潤，人中深潤，齒堅固，聲音遠震，神足，此外又有顴骨重貫耳，項下有皮如條，喉音高，龜息，顴骨相連入耳，後骨高豐，年壽不陷，耳後骨豐起，腦後三玉枕如菓栗，鼻梁隆起，五嶽豐，法令明，眉有長毫，額有横骨，面皮寬厚，聲音淸響，耳有長毫，背厚胸潤，此皆壽相也，年高房事多，亦主壽，兼子貴。（神相全編及柳莊相兼摘）

夭

肉重無骨，兩目無神，耳低小，筋骨柔弱，身長面短，無神氣，面皮綳急，背負坑陷，桃花面色，面色如醉者，皆夭相也。（神相全編）

其有少年垂頭爲天柱傾，兩目自小無光，不滿三十，頭大頂尖皮乾，四九之年，鼻無梁三九之年，雙目如泥，二十五如何可過，眉如鬭鷄，四九歲難免身亡，羅計月孛交加，三十防殞，羅計日月交增，三十左右爲僧，不然卽夭，身大聲不響，三十外當心身肥氣不完，四十外難過，眼露鼻無梁，三十八死，髮黃如粗草，三十外亡，身因血火光明，壽期四九，髮長頭眼無神，四九須防，其有一面俱好而夭者，必神不足，精神太壯，氣不匀，不能長生。（神相全編）

刑尅

左角偏損父、右角偏損母。（人倫大統賦）

左右角二處有痕疤，露齒結喉損父，陰氣重損母。（神相全編）

父病日角暗重，一明卽生，暗輕一明卽生，白如點雪卽死，黑若烟蒙。父喪傷及自身，氣來紅潤，旬日災輕，月角青暗主母病．貢白赤色必刑傷，紅輕紫重母方安，明潤不滯母無病。（柳莊相）

凡刑剋兄弟，必眉內多赤色，白如粟米，黃若白塵，或準上一點白光，或鬢內生暗色者是也。（柳莊相）

凡剋妻必眉重壓眼，山根限，眉中有痣左目小，眼尾紋。（神相全相）

凡尅妻必爲羅漢相，判官形，三尖六削，奸門深，鬚多鼻小，鬚長無索，天倉陷等相。（柳莊相）

若左眼角下神光之位青色者，主七旬內損妻子，有黑子主生離，結喉露齒，面如麵袋，主尅妻害子，魚尾枯陷，尅頭妻，羊紋一紋尅一妻，二紋下低尅三妻，眼尾三紋，顴骨凸露，山根橫紋，華蓋骨重，眼尾紋長，魚尾枯，山根痣斑麻，俱主尅三妻。（神相全編）

天倉生𠕁形爲開庫紋，尅五妻。（柳莊相）

凡妻妾有病，部位看魚尾，氣色在臥蠶，妻看左妾看右，青暗不死，白潤不死，紅紫卽愈，赤色有刑，白如枯骨卽死，臥蠶生黑妻卽死，若奸門白，臥蠶不黑，决不刑傷妻妾。（柳莊相）

凡尅子，如眼下淚痕，人中斜側，耳無輪廓，山根折斷，人中高尖，有背無脊，頭低步緩，狠虎之聲等相，若三陰三陽，疤痕及紋痣，鼻如界方，鼻梁劍脊骨見，地閣有虧，陰氣大重，主有女無男也。（神相全編）

設或判官形，羅漢形，囘囘鼻，獅子鼻，眼陷成坑，臥蠶低暗，蠹肉生，獨顴生面，獨鼻孤峯，眉疎鬢疎，華蓋額，華蓋眉，頭大而尖，頭尖額削，睛黃髮赤，面大鼻小，乳頭白小，乳頭不起，額上三紋，口角紋多，面色如粉，陽上無毛，陽毛逆生，陽囊無紋，光華白粉，肉重如泥，肉浮又軟，肉滑如綿，肉多骨弱，血不華色，面似橘皮，人中淺短，一身無毛，骨冷精寒，全身肉冷，皮血枯焦，內官聲音，內官形像，蛇皮蛇眼，雷公嘴，馬面龍睛，鼠目雉睛，猢猻腮，鷹腮，蛇行，骨圓，三關無脈，腎脈不起，水形有髮，木形有髮，犯此一件者，難言子息，其有鬚分燕尾，鬚直無索，無鬚，臥蠶低暗，乳頭朝下，蠹肉朝下，眉毫翹上，鬚多無髮，一面皺紋，眼下生毫，犯此一件者主無子送終也。（俱柳莊相）

凡子女病，須看臥蠶，子看左，女看右，黑者主死，臥蠶陰德明潤不妨，枯者死，黑黃者死，青重者生，白起三陰三陽主尅子，臥蠶雖黑，奸門若明，决不刑子。（俱柳莊相）

孤相如骨重眉交，眉濃鬢髮厚，冬天汗，耳反，華蓋重骨，體響，聲焦，聲如雷，腋氣，地閣虧，顴骨生峯，口角低，眉如八字，未到頭先進，山根斷，魚尾枯陷，色滯桃花等象。（神相全編）

老來髮轉黑生齒，雖主壽，然必尅子刑孫，乃大孤獨相也。（柳莊相）

災厄

山根赤，七日之憂，天羅紋在額上數十條，防火災，痣生眉毛終年必遭火災。（神相全編）

倘焦髮，赤鬚，眉散鬢禿，火眼焦聲，準頭赤裏黲黑，眼胞上無有睫毛，此五者，亦主火厄。（大清神鑑）

又有火中傷命者，如耳口鼻竅，氣如烟煤冲出，天倉地庫，四門起霧，不犯天誅，

必遭火死。（萬金相法）

額上忽如塵污，五十日內防墜井亡，名曰橫殃休廢，眉間黑子，初年水厄之憂，口角黑黶，末防水厄，魚尾中痣，人中交紋，皆主水厄。（神相全編）

年壽如泥，耳生塵，須防災疾，又云自病看年壽三陰三陽命門命宮準頭，見赤色，主大病時災，年壽青三陽白，肚腹之災，年壽赤光，膿血之災，印堂明，年壽暗，下元之疾。（柳莊相）

凡人斜視，偷觀不正，冷笑無情，視上顧下，妄說太急，牙齒疎，鼻尖毫出，眼細視低，口角高低，步不勻，走高低，或橫縱者，皆主詐，口尖唇薄者多妄，嘴尖鼻勾眉卓者多貪，鼻鷹嘴眼紅者，貪而心毒，此等之相，如交朋友相逢者，卽宜遠絕爲妙，不然非災卽禍至矣。（神相全編）

死生

天庭黑，山根青，竹生兩耳，髭髮似鐵條，眼光流射出，身死在三朝，甲黑主十日，棺材紋見，朝病暮死，掌心一暗，卽刻身亡。（永樂百問）

凡病人死氣色共七種，如山根枯，耳輪焦，命門暗，口角青及黃，準頭深黑，神泛精浮，黑遶太陽等類，若三陰三陽結黑，肉陷無氣，即無病其壽不久，顴骨暗，大難來臨，面色明亮，忽然眼垂下視主死，肉浮氣冷主重病，乾韻主死，一身血色不光華，一年之內，皮血滯如泥不亮，半載之間，四壁如烟起赤光，須防二七，年壽三陽見赤色，旬日身亡，白發印堂黃發口，一七殞命，老人滿面黃光現，七日難逃，少者青來口角邊，一月之數，三陽如靛，死期甚速，準頭不潤，無病也亡，凡人氣色常暗，一日光明，死期至矣，常明忽暗，死亦至矣，少年神散即死，常人耳暗三年，耳乾枯二年，頭皮乾一年，老即死，少年耳乾暗，主大窮敗，中年耳枯，主無運，不可一例斷也，又有氣色俱不明不暗，皮肉一乾，項皮一縐即死，唇青舌黑如紫肝，十病九死，諸色有生，獨喉上起一赤色，或一黑色即死，朝發暮應．暮發朝應，如掌心血明，方言有救。（柳莊相）

卒死之相，如赤脉貫睛、眼如血，睛黃，眉卓如刀，眉生逆毛，鼻露梁，面黑常怒者，是也。（神相全編）

倘行步筋不束骨，脉不制肉，起立傾倚，若無手足，爲鬼躁之相，魂不守宅，血不華色，精爽煙浮，容若槁木，爲鬼幽之相，此管輅斷鄧颺何晏速死之相也。（三國志）

膜外無光，膜內明徹，準頭一明，命門印堂一亮，不日身安，準頭嫩黃翠綠色現，

災厄遠退，兩目神靜神安，不日病痊，年壽光明，還須有救，耳輪帶赤，萬事無憂。（柳莊相）

設病人眼有神氣，天柱正目活，瘦而不枯悴，有喜容色正，舌濡唇，風而口禁，神光黃明，黑氣如擊蓋，黃紅如雲，氣息而生，語聲響滑，人中潤澤等象，有一者，俱主生也。（神相全編）

小兒疾病，看氣色，在山根年壽，次看命門口唇，有青色五日死，有黃色三日死，人中黑，休望再活，印堂赤，難許退災，天倉赤，不是好色，地閣黃，主死無疑，若散光唇多青黑，即刻身亡，倘命門人中白，印堂黃，天倉退赤，口唇白，旬日得生，凡痲痘，看耳尻，耳輪，耳珠，宜明[illegible]頭一赤，不得全生，設痘疹頭皮項皮，赤，主十九死也。（柳莊相）

女

南方婦貞，額廣頂平，北方婦貞，五嶽平正，東婦貞潔，瞻視柔順，西婦貞潔，神氣清靜。（識人賦）

南婦淫赤脈貫睛，北婦淫掠鬢斜行，東婦淫，笑坐不停，西婦淫，顴面不平。（識人賦）

面大婦人多不孝，睛圓女子必妨姑，面

上忌痣，天倉生痣主四子，唇白壽夭，又主無子又主病。（俱柳莊相）

唇紫剋夫，幷傷長子。（神相全編）

唇青無子，兼促天年，鼠牙刑夫剋子，面黃好色貪歡，唇紅多子，齒白多淫夫，齒朝外主刑傷，如朝內主孤獨，下唇包上主口舌，上唇包下爲雷公嘴，主無子不賢。（柳莊相）

口小聰慧智良。（識人賦）

頭圓，主有好子，面黑身白者主賤，面斑身青者亦然。（柳莊相）

女背若圓，必嫁秀士。（水鏡集）

頭低鼻小，難作正妻。（神相全編）

顴高手大骨粗，能作生涯，掌細紋主多子，手起骨節，一生辛苦又主賤。（柳莊）

手如老薑身必貴。（秋潭月論女人）

女手竹竿槍，福祿至無疆。（神相全編）

無指甲，下賤，多汗一生勞苦，無汗無子，汗香子貴，汗濁子賤。（柳莊相）

總之性定終身成敗，眼主貴賤兩端，鼻主夫星，口管子息，眉爲壽算。（神相全編）

平素不與人爭競，苦難中無怨言，節飲食，聞事不驚喜，能尊敬，此爲四德，主有貴子之榮，若行步端正，面圓體厚，五官俱

正，三才相配，不泛言語，容貌嚴整，坐眠俱正，此名七賢，主夫明子秀。（柳莊相）

富相如耳漫，掌紅潤，懸壁正，目美性寬，腮滿頷潤，人中長，食倉滿，囊鼇平，四倉俱滿，蘭尉分明，井竈平，廚匱滿，酒池地閣闊，鵝鴨豐。（靈臺祕訣）

貴相如威厚聲和，耳厚白，鬢烏潤，眉削項長，目神視正，人中分明，腮顴隱隱平平，額圓耳白，懸壁端正，唇紅齒白，骨肉相輔，手纖，鼻狹峻直。（靈臺祕訣）

貞相如瞻視分明，剛柔有力，顴壽隱顯有勢，法令深，目神澄，黑白分明，嬌而有威，行緩步輕，身正性柔，耳厚額圓，鼻直，髮疎潤而光，聲清嚴而不散，笑藏齒，無肩有背，眉如新月，手似乾薑。（靈臺祕訣）

惡相如口高唇露，聲散髮黃，鼻促竅露，目深鼻曲，骨揹鼻節，面黑黃髮粗，體硬項短。（靈臺祕訣）

然顴骨高於眼角上者，亦主打夫。（柳莊）

壽相如頭擁肉滿，壽帶長，人中深，項顴有力，目神黑白分明，法令過口，項有雙條，腹垂皮寬。（靈臺祕訣）

夭相如蠅面頰高，眉壓目，人中短，耳窄，目神怒，低頭睛無光，口尖，口邊黑齒

露。（靈臺祕訣）

無子相，如無眉聲破，三十前發，雙目深陷，鼻陷梁低，雷公吹火，臍小淺凸，股肱無包，髮不滿尺，腰圓三圍，乳頭不起，肉浮血滯，肉重如泥，一面滯色，皮薄骨細，肉多骨少，三陽如墨，無腹無臀，面尖耳小，有顴無腮，地大天小，形類男人，唇白舌青，陰陽混雜，乃貧苦之格，難言夫星子息也。（柳莊相）

然乳頭白，人中平，眼下無肉，髮粗黃，昂頭額高唇掀，亦主無子。（五總龜）

尅夫相，如面長，額長，額方，面大耳小，耳反頭仰，露臀，面上毛黃，骨露身粗

，性剛捲髮，露背，髮焦，頭尖唇缺，唇紫唇白，白過上唇，顴高起峯，天中豎紋，眼下肉枯，眼下羅紋，三拳面，懸針紋，山根斷，男相，額側露齒者，是也，又有男聲，逆眉，顴峯，頭橫紋亂者，此三夫不已之相也。（神相全編）

若黃髮赤睛黃睛，額有旋螺，額高面陷，少年髮落，骨硬皮急，耳反無輪，面滯如泥，地閣偏斜，項露骨節，聲大如雷，性急如火，神濁氣粗，天大地小，白氣如粉，年壽起節，肉冷如冰，粗骨手大，肩背偏斜，眼大睛圓，喉結齒大，髮硬骨硬，夜睡多呼，嘴如吹火，鼻內生毛，骨起腮高，命門骨

高，如雲母面之類，亦主刑傷也。（柳莊相）

賤相犯者多淫，有七十二件，如兩眼浮光，桃花之面，皮白如粉，血不華色，肉輭如綿，皮滑如油，面多斑點，眼角低垂，未語先笑，搖手擺頭，頭帶兩削，面前兩陷，面肉堆浮，眼露白睛，嘴唇自動，口角生紋，鵝行鴨步，側目垂頭，斜視偷覷，自言自語，臀翹胸高，腰細肩寒，臍凸近下，乳頭白下，皮緺如紗，面大鼻小，額尖脚搖，齒白如玉，唇白不厚，唇青如靛，一步三搖，一語三斷，笑若馬嘶，語言泛雜，頭大無髮，鶴腿蠻腰，行如雀步，談笑頻阻，翹臀無腮，見人掩面，身如風柳，陰戶無毛，獐頭鼠耳，縮頭伸舌，托腮咬指，陰毛如草，長面圓睛，剔齒弄衣，歎氣伸腰，陰戶生下，頭先過步，回頭頻顧，坐不安穩，腿上生毛，舌尖唇掀，舉止癡迷，站立偏斜，額廣鬢深，鼠齒鬼牙，性情多變，如馬換蹄，長身短項，鼻仰朝天，眼閉眉蹙，蛇行鼠餐，項細眉寒，指短腰偏，飲食無盡，無事自驚，頭偏額窄，背陷腹小，睡夢長啼等之類是也。（柳莊相）

然又有面仰，唇生黑子，眼光口潤，魚尾奸門黑子，眉生雙靨，人中兩曲，眼中有痣，遠口青，面皮青，桃花眼，水眼者，亦

主淫相也。（神相全編）

小兒

兒之易養者，初生叫聲連延，主壽。（管輅）

一連四五聲，不換氣者，大富，啼叫身動，大來有力，自能動頭是能人，轉看必貴，耳硬必貴。（柳莊相）

額有旋毛早貴。（麻衣）

有旋毛者妨父母。（神相全編）

言遲者，神定必為重器。（管輅）

言遲者，一主貴。（神相全編）

耳後小高骨，名玉枕，又名玉環骨，高

起者壽，初生耳門大，主富貴壽。（神相全編）

睛大而光，富貴難量。（管輅）

聲響者壽，好戲耍為神有餘，必富貴，項下條條，主壽而富，八歲衣齊語響，秀而不俗者主富貴。（神相全編）

小兒腰潤主有壽。（柳莊）

陰如截筒者貴。（大生要旨）

陰囊皮皺堅實者，主富貴。（管輅）

又有頭腦骨連，神足神安，氣厚氣寬，色藏色秀，髮青髮翠，骨紫骨青，肉堅肉香，眉清眉秀，聲清聲遠，形厚血旺，腹垂背厚，唇紅齒瑩，鼻直準圓，不但易養，并主

富貴也。（大清神鑑）

設或初生聲絕復揚者主夭，髮禿者主夭身上有汗者主夭，肉色浮慢者主夭，輭如無骨者主夭，頭成四破，及啼聲散者，皆不成人，陰入如無者主夭，小便如膏者主夭。（管輅）

膝小者主夭，臍小而低者主夭，陽物大主愚蠢，肉緊面緊皮緊者，皆主夭。（神相全編）

行早，坐早，言早，齒早，皆不成人。（管輅）

行早，即成人者主貧，眼大露神者夭。（神相全編）

顋骨不合者八歲防厄，枕骨不成者，能言而亡。（管輅）

玉環平者夭，玉環陷如坑，不過八歲，無輔弼主二七死，語弱不好戲要爲神不足，主多疾，不愛衣服，行坐穢物，語不清者，主貧賤，口角常有涎，爲奴婢， 齒主妨父母，開口睡主難養。（神相全編）

嬰女天庭高，顴骨聳，聲大睛大，眉重性躁，主妨母，少兒弟又主破家。（柳莊相）

更有小兒難養日期，如頭皮急，耳後無根，雙目無神，無眉齒早，肉重如泥、骨少腹大，肚小等，七種，皆主三歲而亡，倘頭大項細，面大無鼻粱，睛如黑豆，或圓如雞，脣薄如紙，聲大後小，肉多骨輭，穀道無紋，此七種者，乃主一歲中亡，若眼如含淚，髮黃又疎，無脚根，三者主二歲死，頭尖又薄，五歲防亡，大凡小兒生齒，一週內生者必奸，週外生者大富，五六個月內生者主夭，倘上齒先生，則主聰明，又防尅母也。（柳莊相）

流年行運

一二歲天輪，三四歲天城，五六七天廓，八九歲天輪，十十一人輪，十二三四地輪，十五火星，十六天中，十七日角，十八月角，十九天庭，二十二十一輔角，二十二司空，二十三四邊城，二十五中正，二十六丘陵，二十七塜墓，二十八印堂，二十九三十

山林，三十一三十二凌雲，三十三繁霞，三十四彩霞，三十五太陽，三十六太陰，三十七中陽，三十八中陰，三十九少陽，四十少陰，四十一山根，四十二精舍，四十三光殿，四十四年上，四十五壽上，四十六七兩顴，四十八準頭，四十九蘭台，五十廷尉，五十一人中，五十二三仙庫，五十四食倉，五十五祿倉，五十六七法令，五十八九虎耳，六十水星，六十一成漿，六十二三地庫，六十四陂池，六十五鵝鴨，六十六七金縷，六十八九歸來，七十頌堂，七十一地閣，七十二三奴僕，七十四五腮骨七十六七在子位，七十八九在丑。八十八十一在寅，八十二三在

卯，八十四五在辰，八十六七在巳、八十八九在午，九十，九十一在未，九十二三在申，九十四五在酉，九十六七在戌，九十八九在亥，百歲週而復始，痣紋缺陷須防。（神相全編）

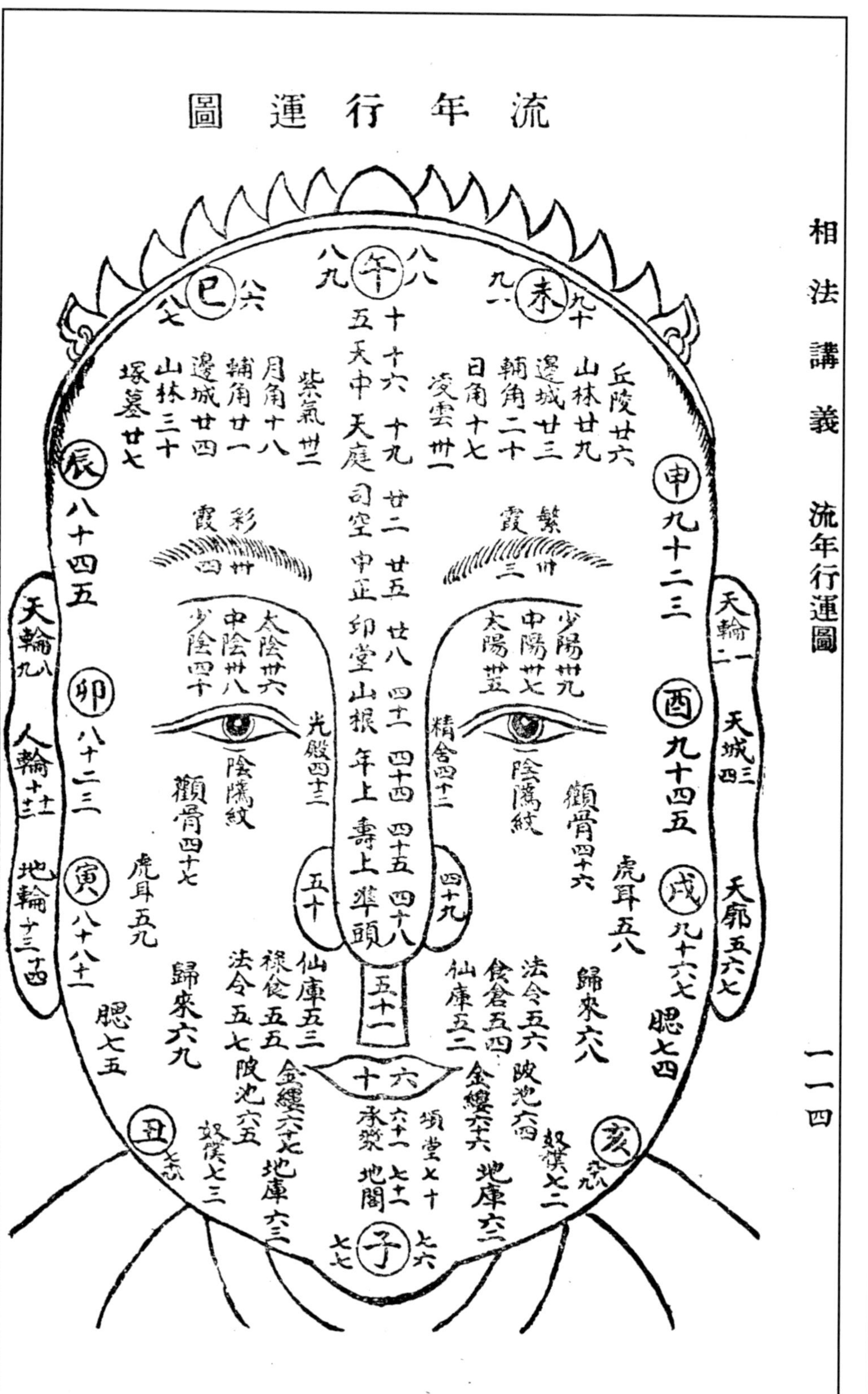

流年行運圖
巳 八六 八七
午 八八 八九
未 九十 九一
辰 八十四五
申 九十二三
卯 八十二三
酉 九十四五
寅 八十八十一
戌 九十六七
丑 七十八 七十九
亥 九八 九九
子 七六 七七
十五
天中十六
天庭十九
司空廿二
中正廿五
印堂廿八
山根四十一
年上四十四
壽上四十五
準頭四十八
丘陵廿六
山林廿九
邊城廿三
輔角二十
日角十七
凌雲卅一
紫氣卅二
月角十八
輔角廿一
邊城廿四
山林三十
塚墓廿七
繁霞卅三
彩霞卅四
少陽卅九
中陽卅七
太陽卅五
太陰卅六
中陰卅八
少陰四十
精舍四十二
光殿四十三
陰騭紋
陰騭紋
顴骨四十六
顴骨四十七
虎耳五八
虎耳五九
四十九
五十
五十一
天輪一二
天城三四
天廓五六七
天輪八九
人輪十十一十二
地輪十三十四
腮七四
腮七五
歸來六八
歸來六九
仙庫五二
仙庫五三
食倉五四
祿倉五五
法令五六
法令五七
陂池六四
陂池六五
金縷六十六
金縷六十七
六十
承漿六十一
頌堂七十
地閣七十一
地庫六二
地庫六三
奴僕七二
奴僕七三

十三部位總圖

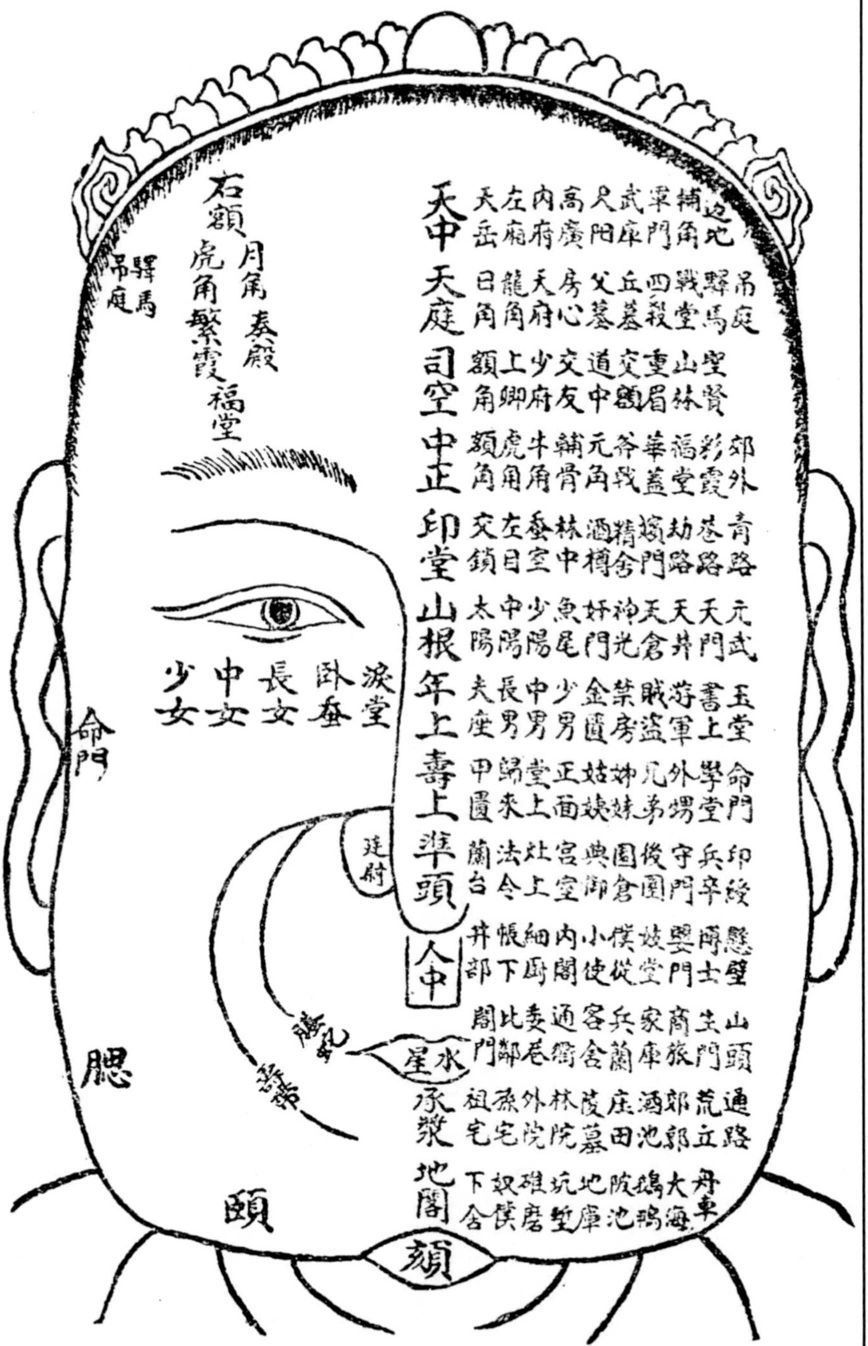
天中　天岳　左廂　內府　高廣　尺陽　武庫　軍門　輔角　邊地
天庭　日角　龍角　天府　房心　父墓　丘墓　四殺　戰堂　驛馬　弔庭
司空　額角　上卿　少府　交友　道中　交額　重眉　山林　聖賢
中正　額角　虎角　牛角　輔骨　元角　斧戟　華蓋　福堂　彩霞　郊外
印堂　交鎖　左目　蠶室　林中　酒樽　精舍　嬪門　劫路　巷路　青路
山根　太陽　中陽　少陽　魚尾　奸門　神光　天倉　天井　天門　玄武
年上　夫座　長男　中男　少男　金匱　禁房　賊盜　游軍　書上　玉堂
壽上　甲匱　歸來　堂上　正面　姑姨　姊妹　兄弟　外甥　學堂　命門
準頭　蘭台　法令　灶上　宮室　典御　園倉　後園　守門　兵卒　印綬
人中　井部　帳下　細廚　內閣　小使　僕從　妓堂　嬰門　博士　懸壁
水星　閣門　比鄰　委巷　通衢　客舍　兵蘭　家庫　商旅　生門　山頭
承漿　祖宅　孫宅　外院　林院　陵墓　庄田　酒池　郊郭　荒立　通路
地閣　下舍　奴僕　碓磨　坑塹　地庫　陂池　鵝鴨　大海　舟車
頦
右額　月角　奏殿
虎角　繁霞　福堂
驛馬　弔庭
淚堂　臥蚕　長女　中女　少女
命門
廷尉
腮
頤

面部十二宮圖

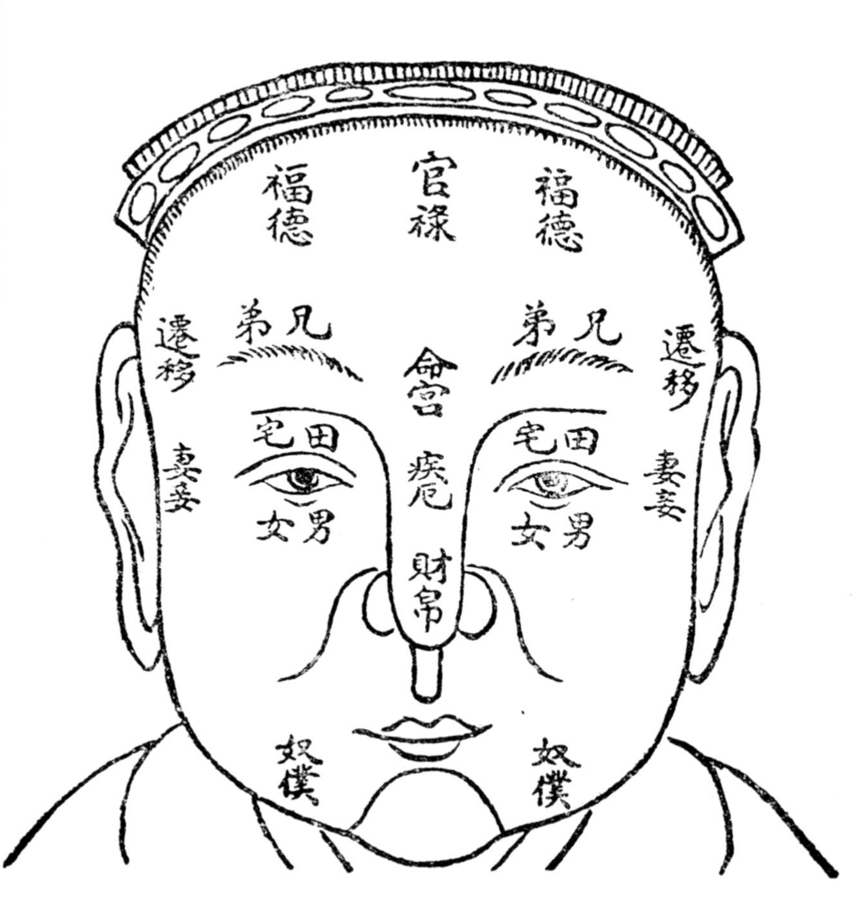

十二月氣色圖

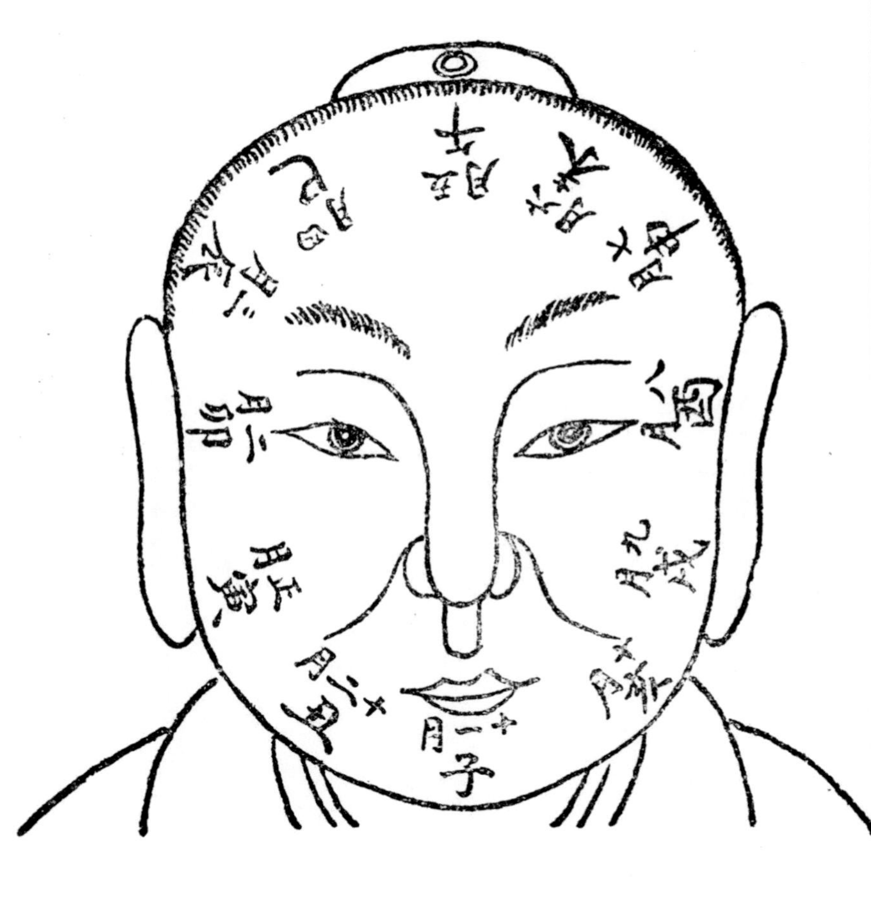

手掌十二宮圖

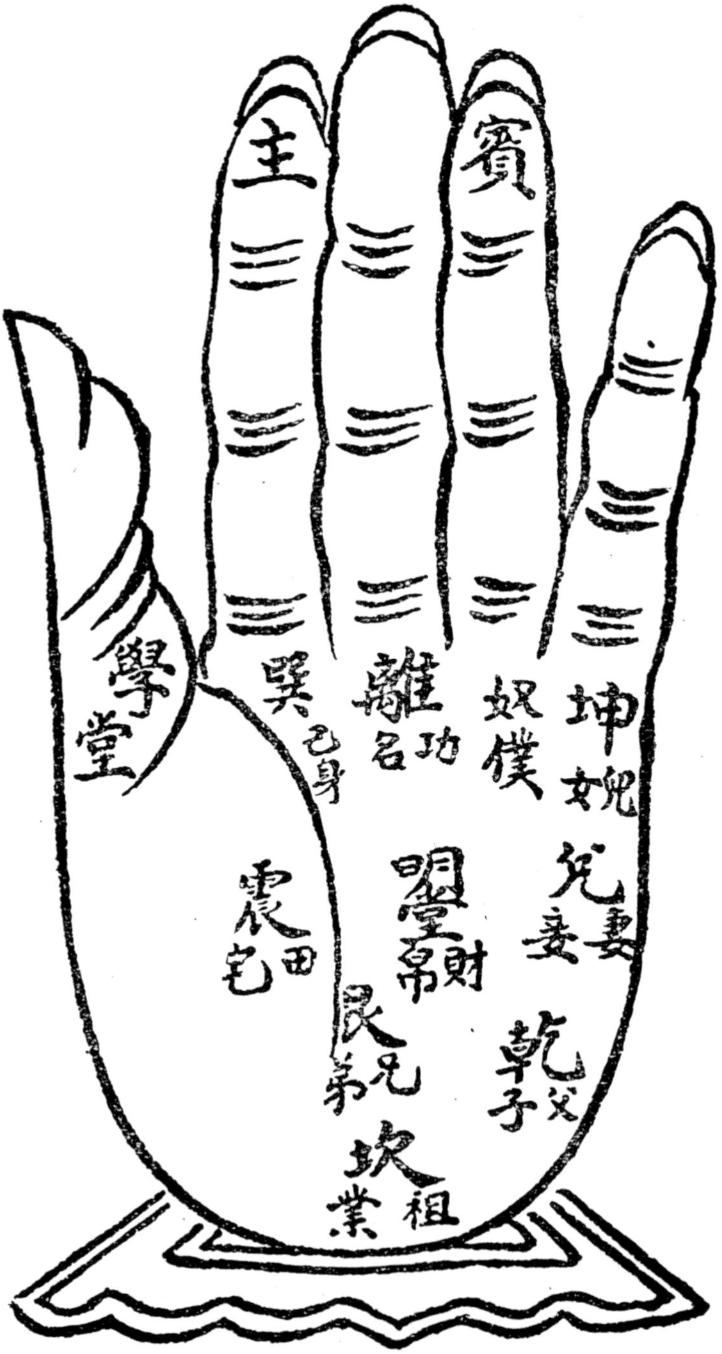

主
賓
學堂
巽 己身
離 功名
奴僕
坤 女兒
兌 妻妾
明堂 財帛
震 田宅
艮 兄弟
乾 父子
坎 祖業

手掌八卦四季圖

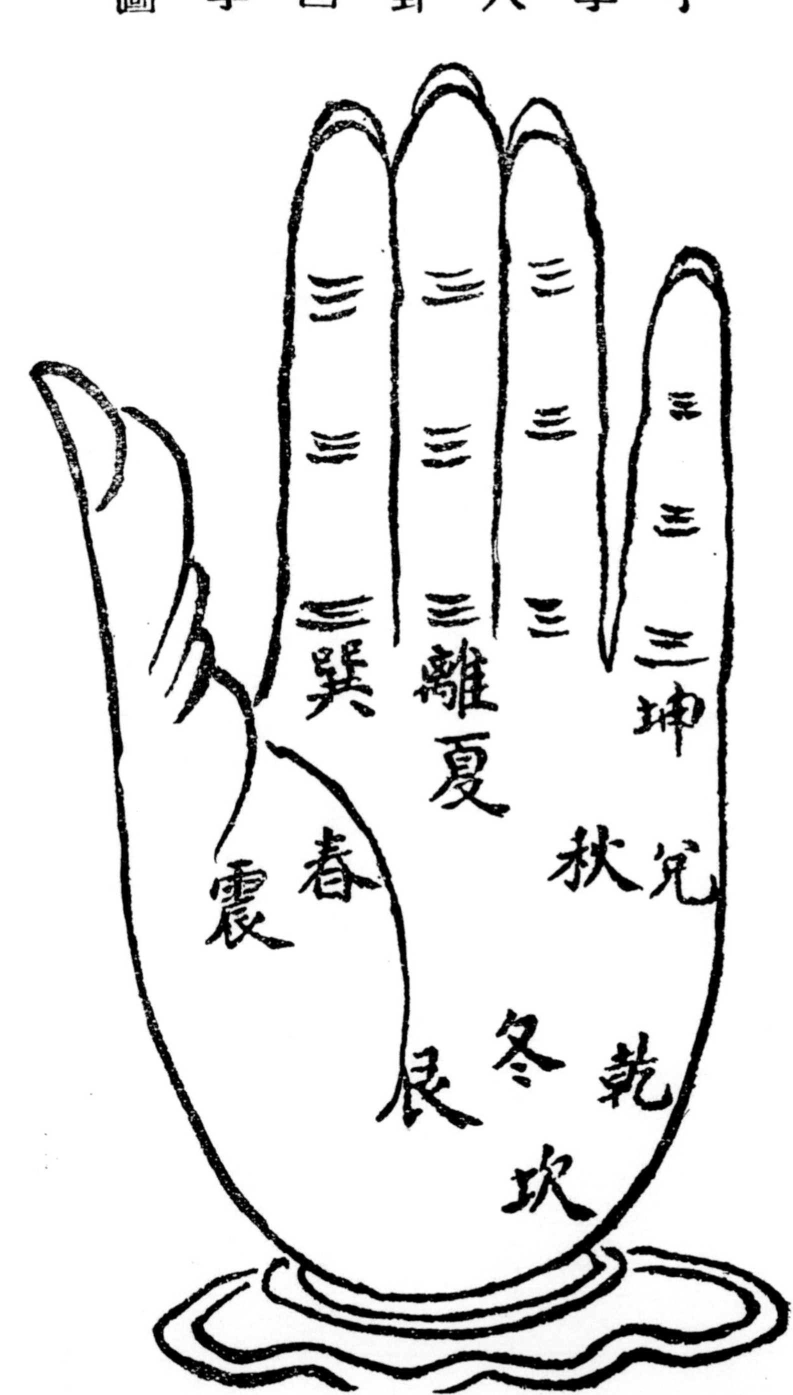

中華民國四十四年十月六版

相法講義 全一冊

定價港幣二元

著述者 嘉興韋千里

出版者 嘉興韋千里

發行處 韋氏命苑

經售處 各埠各大書局

總發行所 香港 華夏哲理闡微社

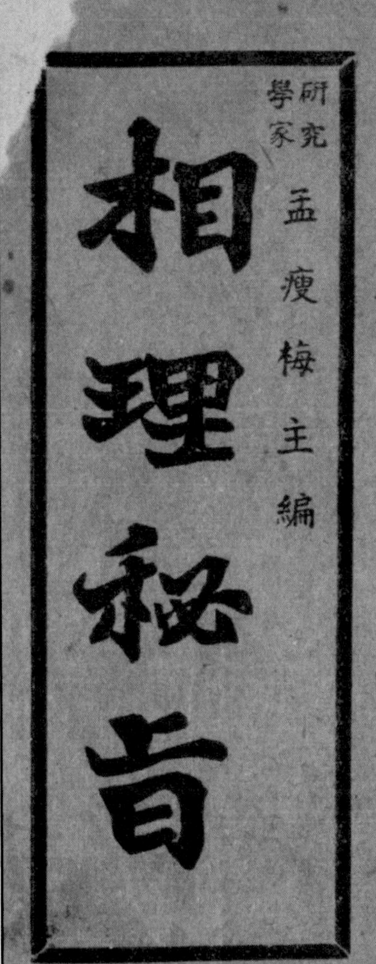
相理秘旨

研究學家　孟瘦梅主編

瘦梅出版社出版
社址芝罘路六十四號四樓

逕啟者敝人家傳祕藏命相原理，悉心研究、加以推進，與衆不同，各界仕女：如有疑難不決之事 請來一試、當時解釋、包儂滿意盍興乎來！

（十大決策）

（第一）能知道你父母存亡（第六）能預告你營業成敗
（第二）能提醒你戀愛真假（第七）能解決你何界榮辱
（第三）能辯別你妻妾賢愚（第八）能指引你偏正財局
（第四）能指明你子息多少（第九）能指示你前途得失
（第五）能警告你臨時吉凶（第十）能審查你終身結果

如蒙惠批 流年 命書 等請隨時撥電話 九八三一〇 九七一九一

即將出版

瘦梅故事集 孟瘦梅主編

命學捷經 王懸慈 孟瘦梅 合緝

孟瘦梅近影

瘦梅先生：茲隨函附上郵票拾叁分（四分郵資在內）一 [illegible]

[illegible]

樂浩然 [illegible]

四明鎮海大碶鎮札馬廿三房函

十月廿二日

Bank of China

Head Office Foreign Department

Shanghai

孟先生：

煩請批流年一張（此係收到請先生在電台上報告一声是否收到，何時可批好送什全詢）

此信請送（本市天津路中國銀行宿舍十二號）

周毓慶謹上

逕啟者 承批下走流年 [illegible]

高明 [illegible]

台端細批終身或未來五年流年 不知潤資若干 敬請示知 為荷 此致

孟瘦梅先生

周毓慶啟 十一月一

電話 一七四六六 — 分机 二三五

請賜潤格一份 [illegible]

同益號用箋

[illegible]

上海寧波路 [illegible] 電話九七〇一七號

四川路小菜場對面 神州旅社

孟瘦梅先生

上海同益號緘

瘦梅先生：頃由樂浩然先生介紹 [illegible]

[illegible]

康健

嚴宗祥謹啟

男命 [illegible] 二月初三日寅時建生

四明鎮海大碶鎮 [illegible]

上海浙江路一五九號 滬軍電台轉

孟瘦梅先生

嚴宗祥緘

相理祕旨序

張枕綠

一顆內在方寸之間的微妙而活躍的人心，竟能主宰着這人的善惡賢愚，及其一生的窮通得失，——全仗它。多數人他們自己也認識不淸，把握不住他們本身之內的那顆心，論理，在旁人更將莫測高深，何從透視到他們的心底而識其爲人呢？先聖先哲却對付一切都有辦法。孟瘦梅的先祖孟軻曾指示過：『你祇須觀察這人的眼睛，就能辨出他的居心端正與否。假使你一面聽他的口氣，一面瞧他的眼風，無論是誰總逃不過你的明鑑。』果然，俗語也這麽說着：「眼爲心之苗。」這麽一種辨法也就是相法初階，更可說是相理大綱。但瞧這「相」字的構成從木從目，可見得相法的水源木本首重相目。

聰明人舉一反三，要推測到人們過去未來的各方面，除了主要點須着眼於目外，更觀察到其人顏面的各部份，可以知曉得更爲詳盡。所以世人通稱相法爲相面。其實，人體不論那一部份，都跟隨其人的心理而起變化，而成定型，能教細心慧眼的人見得到而更識得準，那面部以外各部所顯露在外表的，正不輸眼部表現得那麽淸楚。不過多數有志研究相法的人，習於看人的眼部，面部，不習於細看人體其他部份罷了。

瘦梅本是一位學者，自幼好習相人術，博覽相書，勤訪師友。在他一雙正直而內蓄精銳的法眼之下，鑑人到微末之處，萬不失一。他有先人傳留下來專研相法的一部祕籍，其內容多有道人所未道，見人所見不及處。這部書恰巧落到畢生盡瘁於相學而初不以此為業的孟瘦梅手中，他就窮搜博採，删冗存菁，參以他本人經驗所得之祕，輯成「相理祕旨」一書，積有年時，纔告殺青。他印行這部書，不但是打破了「祕術不傳」的舊觀念，給與從業的相士們一大助力，此後他們憑恃本書所得，更能博取社會人士的信心和美譽；這書實更給與愛好研究相法的許多業外人士一根智慧之索，一座進門之階。

我雖不是一箇識相者，——固也非全本不識相者——但叨在「以我一日長乎爾」，常得瘦梅於探討文字方面，不恥下問。我深知他的所學是多方面的，尤其基於相理而精通相法。不同恆流，為我所素佩。所以我在相理祕旨風行遐邇之前，特地推荐瘦梅給讀者們，我說他纔確可稱為一位「識相者」。

——三十六年十二月一日張枕綠識。——

相理祕旨弁言

相理書坊間出版不多覯，縱有少數流傳書肆，或失之廣泛，或近於涉獵，殊難饜閱者之心，搜尋善本，適合研究，等於鳳毛麟角，不易寓目，孟君瘦梅善相士也，潛心相理，歷有年所，關於過去未來吉凶禍福，任何人求教，一經觀察氣色，無不談言微中，應驗如神，令人折服，自設館以還，冠裳麕集，裙釵接踵，具見孟君闡發相理，其學識高人一等，迥非庸俗儕輩所能望其項背，茲以公餘之暇，出其珍藏已久之祕本，佐以心得　删繁就簡，煞費精神，蔚成是編，顏之曰相理祕旨，將次付梓，公諸同好，尤宜人手一編，對於相理，一覽無遺，了然於心，爰為之略述梗概如上，是為序

中華民國三十六年古曆丁亥孟冬

鹽官扶風稀叟謹識

目錄

總論

未觀形貌先相心田（麻衣）心在形先形居心後（神機）蓋貌有形者也心無形者也有形不可憑而無形者可憑也且有形者恆因無形者而與為轉移也不然骨何以能換鬚何以能長而陰隲紋又何從現面乎哉（心相編）所以有心無相相隨心生有相無心相隨心滅（陳圖南）古人形似獸皆有大聖德今人表似人獸心焉可測是賢不肖之殊誠不以貌而以心也（孟東野詩）爾身不長爾貌不揚何為將何為相一點靈台丹青莫狀是富貴貧賤之殊亦誠不以貌而以心也（裴晉公自贊云）蓋貌之有形者人相之相也心之無形者鬼神所相之相也庶幾日省日修以求不愧於鬼神之默相云耳（心相篇）次推骨格為一世之榮枯氣色定行年之休咎（神異賦）少年取精神為富貴老年以氣血為榮華婦女取威嚴端正為上格小兒三五歲為嬰孩相神氣十二三歲為童子然後照大人相法（柳莊相）擇交在眼未有眼惡精露而可交者問貴在目未有目無神而大貴者問富在鼻未有鼻小準尖灶露而大富者問壽在神未有神不足而長壽者（麻衣相）問福在天庭問祿在口問名在耳問子在人中（水鏡集）問收成結果在作事始終問後福在心田（心相篇）問智慧在皮毛問苦樂在手足（神異賦）求全在聲士農工商聲亮必成不亮無終（神相全篇）又云名在眉職在鼻計在口俊在目壽在耳貴在額福在背富在腹（袁柳莊雜論）名譽視乎兩耳及第在於雙眉（通玄賦）得意中面容淒慘先富後貧遭窘處顏貌溫和早窮晚發（神異賦）紋

穀必珍富之本也雙字必惜貴之源也小過必懲德之基也微命必護壽之宗也（心相篇）有一分精神則有一分之福祿有一日氣色則有一日之吉凶（管輅）蜀人相眼閩人相骨浙人相清淮人相重宋人相口江西人相色魯人相軒昂胡人相鼻太原人相厚重（神相全篇）又曰南方人屬火故相天庭宜火旺爲有用北方人屬水相地閣宜水旺爲妙浙人乃屬金金清方許榮身閩人相唇口齒故閩地近海乃唇齒之關太原乃山陝西也爲中國屬土河南相穩重淮南人相厚實北方人相軒昂江南人相輕清江北人不嫌重濁徽州人乃岳之峻地故獨相眉江西越尾相氣色不以骨格爲念但得各處俱各得局方爲可用相若不合難許榮身（柳莊相）然有南不相天又不相輕清北不相顴又不相重濁東不相嘴又不相色嫩西不相腿又不相老成（識人賦）又有南人似北必超羣北人似南終不騰東人似西主聲名西人似東主豐盈（同上）須知南人似北者其相身面肥黑北人似南者其相體瘦氣清（風鑑論）一二品觀倉觀印三四品看準看輪牧民要觀六位憲台要看雙山出兵須要看唐符國印武將必要察顴骨三陽出征上任要看眸子白睛邊塞功臣還看項喉唇舌此亦要法也商賈黎庶細看十二宮各月部吏典差辦只看掌心決秋場舉人看雙珠命門年壽三陽春試獨觀輔弼再看命門眸光射目白睛貫神可言及第入泮看年壽命門九流看鼻準耳輪（袁柳莊）天倉青不可出行年壽赤不可見官印堂暗不可起造地庫暗不可用人面多光粉不可交友恐有大害爲桃花色卽面上光彩（同上）九德可以修相如容物樂善好施進人常保不忘勤身愛物自謙（郭林崇）更有忠於君孝於親爲衆德之先不得陽賞必爲陰報不在自身必在子孫（神相全篇）

部位無虧一生平穩氣色有滯終見凶迍總之凡相先觀部位次聽其聲再辨其色更察形神再觀乎骨肉不可忽也（神異賦）

高味卿曰吾觀人生富貴貧賤之徵以相斷之往往十得八九是相之於人眞確而可憑者矣雖然相誠可憑獨不聞修心補相之說乎蓋可以定富貴貧賤之徵者相也而所以成富貴貧賤之相者心也心苟善將貧賤者可轉而爲富貴心苟不善將富貴者可轉而爲貧賤相以心主心以相呈禍福倚伏之機捷如影響故愿世之有富貴相者尙宜益力於善以期永保此富貴也尤愿世之本貧賤者亦當盡力於善以期默去此貧賤也若因相之偶然不足而遂自甘暴棄不思以脩之者補之斯其人無怪終於貧賤矣古人有言曰善不積不足以成名豈不信哉

論頭

頭（五嶽　四瀆　三停　五官　六府　三才　五星　六曜　五小　八小　十大空亡
五行相剋　十二宮　四學堂　八學堂　頭面　額　五長　五短　五露　八大
六極　五行相生　人分陰陽　美惡相雜

頭爲諸陽之會面爲五行之宗列百脈之靈府通五臟之神路推三才之成象定一身之得失（神相全篇）故五嶽四瀆欲得相朝三停五官必須相配（同上）五嶽者左顴爲東嶽泰山額爲南嶽衡山鼻爲中嶽嵩山頦爲北嶽恆山右顴爲西嶽華山（水鏡集）五嶽朝歸今世錢財自旺（神異賦）

（中嶽最要高隆須得東西朝應不隆峻則無勢多反覆也少壽中嶽陷而無勢則四嶽無主雖四水相撓不足取也中嶽尖薄中年見破若東西傾側無勢亦主中年破敗南要廣平高闊少年有成傾側不宜早當家北要豐闊老榮若尖削缺陷末主無成故曰五岳朝拱福自天來（神相全篇）四瀆者耳爲江目爲河口爲淮鼻爲濟（神相全篇）總之水以山爲秀山以水爲清（洞玄經）江要闊而深有重城之副潔則聰明家業不破河要深長黑白爲清秀聰明富貴淮要方闊上薄則不覆下薄則不載無晚福而少壽也濟要豐隆光潤圓正有收不破不露則家有積蓄（神相全篇）三停者自髮際至眉間爲上停以應天貴者必長而豐隆方而廣闊若尖狹缺陷主賤及形厄防剋父母自眉間至鼻爲中停以應人壽者必隆而直峻而靜若短促塌偏者主不仁不義不得兄弟妻子之力更有中年破損之患也自準下人中至頦爲下停以應地富者必平而滿端而厚若長狹尖薄者主貧苦無田宅老而艱辛也（人象大成）所以三停平等一生衣祿無虧（不匀主貧賤孤夭不利將流年而斷（神異錄）身上三停頭足腰看他長短欲匀調上停長者人多貴長短無差福不饒（神相全篇）五官者耳爲採聽官眉爲保壽官目爲監察官鼻爲審辨官口爲出納官（同上）此外又有六府三才五星六曜十二宮之分辨六府者上二府自輔角至天倉中二府自命門至虎耳下二府自肩骨至地閣六府充直無缺陷瘢痕者主財旺（天倉峻起多財祿地閣方停萬頃田缺者不合（靈台祕訣）所以一官成十年貴顯一府就十載富豐（人倫大統賦）如得五官俱成其貴老終（神相全篇）然亦當察其行之厚薄以定相之厚薄也如牆薄易坍絹薄易裂硯薄易穿人薄易敗理所必然（麻衣相）

三才者額爲天闊而圓者貴鼻爲人旺而齊者壽頦爲地方而闊者富（神相全篇）五星者額爲火星（髮際高而豐滿廣闊者有祿位早有藝學父母尊貴尖陋多文理者爲陷了火星蹇於功名早子難成衣食平常兄弟無情損妻破財）鼻爲土星（須要準頭豐厚兩孔不露年上壽上平滿端正不偏至額其人土星入命幷滿三分主有福祿壽如準歪尖露主貧其人不正）右耳爲木星左耳爲金星（貴在輪廓分明紅白色瑩大小門闊生得端正不反尖小薄高於眉眼者大貴若反尖側窄爲陷主損田宅破財帛無學識）口爲水星（唇紅方闊人中深口齒端正爲官食祿若唇掀齒肥口角垂主貧賤（同上）六曜者左眼爲太陽光者福祿右眼爲太陰黑者有官（黑白分明長細入鬢者大貴黑多白少有光作事順骨肉貴黑少白多黃赤色來陷了二星者損父母害妻子破田宅幷壽夭）山根爲月孛直者衣食印堂爲紫氣圓者有官（月孛宜高光彩爲貴如紋冲破陷主子孫災厄讀書不成破業尅妻子）左眉爲羅睺長食天祿右眉爲計都齊有妻兒（二眉粗黑有彩過骨眉連鼻骨主衣祿父母子息蔭貴眉相連入命宮主量淺無忘骨肉子息俱不測（同上）十二宮者一命宮居兩眉之間山根之上光明如鏡學門皆通山根平滿乃主福壽土星聳直拱印者富貴眼分明者財旺眉接交相下賤凹洸必定貧寒亂理紋沖離鄉尅妻額窄眉枯財源大耗二財帛鼻乃財星截筒懸胆主富聳直豐起財旺富貴則中正不偏貧破則尖峯鷹嘴孔仰粮無宿灶空無積財三兄弟眉爲兄弟淸長過目三四無刑眉秀而疎枝幹端正新月和遠超羣粗短兄弟見別眉還蹇眼雁行必疎兩樣眉毛定然異母交連黃薄自喪他鄉旋結囘毛兄弟蛇鼠田宅位居兩眼赤眼侵瞳初破家園到老無粮

作孽眼為點漆終身產業榮華鳳目高眉置稅三州五縣陰陽枯骨功名不利莫保田園冰輪火眼家財傾盡五男女在兩眼下名曰淚堂二陽平滿兒孫福祿榮昌隱隱臥蠶子息還須清貴淚堂深陷（呂純陽云刑子剋妻）定為男女無緣黑痣斜紋到老兒孫有剋口如吹火獨坐蘭房若是平滿人中難得兒孫送老六奴僕位居地閣重接水星頦圓豐滿侍立成羣輔弼相朝一呼百諾口如四字主呼聚喝散之權地閣尖斜受恩深而反成怨恨紋紋敗陷奴僕不周牆壁低傾恩成仇隙七妻妾位居魚尾號曰奸門光潤無紋必保妻全四德豐隆平滿娶妻財帛盈箱顴星侵天因妻得祿奸門深陷常作新郎魚尾交紋妻防惡死奸門黯黲自號生離黑痣斜紋外情好而心多淫慾魚尾深凹男子多淫奸門凸起婦人少節（四句燭胆經）奸門如有雜色定然娶娼為妻（袁柳莊）魚尾倘有梅花難免因妻家破（同上）設或紋直亦主大苦（同上）明中生暗妻強妾弱暗內生明妾盛於妻（同上）奸門常暗子當庶出（同上）八疾厄位居山根隆而豐滿福祿無窮連接伏犀定主富貴瑩光有彩五福俱全壽年高平和鳴相守紋痕低陷迍年速疾沉痾枯骨尖斜者苦氣如煙霧者災九遷移位眉角號曰天倉豐盈隆滿華彩無憂魚尾位平到老得人欽羨騰騰驛馬貴須游宦四方額角低陷到老住場難覓眉連交接此人破祖離家天地偏斜十居九變十官祿位居中正大合離宮伏犀貫頂一生不到訟驛馬朝歸官司退攙光明瑩淨顯達超羣額角堂堂犯着官司貴解宮痕理破常招橫事眼如赤鯉實死徒刑十一福德在天昌牽連地閣福祿五星拱朝五福天地相朝頦圓頦窄須知苦在初年額闊頤尖迍否還從晚景眉高目聳尤且平平眉壓耳掀休言福德十二相貌先觀五岳次辨三停盈滿此

人富貴多榮三停俱等永保平生顯達五岳朝聳官祿榮遷行化威嚴爲人尊重額主初運鼻管中年地閣水星是爲末主若有剋陷斷爲凶惡（十二官俱神相全篇）學堂神氣能辨清中濁濁中清之相四學堂者眼爲官學堂長而神清主有官職天庭爲祿學堂高方光澤主貴壽當門兩齒爲內學堂周正明密主忠信孝敬耳門前爲外學堂豐滿光潤主聰明何爲八學堂頭爲高明學堂取平圓而有異骨額爲高廣學堂取四方而明潤印堂爲光大學堂取開爽圓滿而無痕傷眼爲明秀學堂取黑白而有眞光耳爲聰明學堂取輪廓桃紅色白如霜口爲忠信學堂取端方中正唇厚丹砂舌爲廣德學堂取方長鋒刃色紅紋透眉爲班筍學堂取高長細緊而開爽有勢何爲濁中之清人面雖則粗醜若得神色有精氣魄有威四學無損八學有精雖濁亦爲濁中之清人面雖取紅白忌乎神氣嬌嫩而無威目雖取長正忌乎露光而花媚齒雖取齊白忌乎欠明而無精眉雖取高爽忌乎粗短而色晦口雖取闊大鮮紅忌乎唇薄而口尖此爲清中之濁也（水鏡集）總之兩目近天不圓則日月暗水星近地不厚則甘泉無然頭短者欲圓頭長者欲方貧乏則頭小頸長不壽則頭偏額削頭尖頸細憂苦交加方頸圓頭財福並至最忌兔頭鱉腦其性輕浮（神相全篇）不嫌燕頷虎頭定登將相（神異賦）好頭不如好面好面不如好身（西岳先生）天削者刑傷地削者窮夭（神相全篇）天庭高聳少年富貴可期地閣方圓晚歲榮華定取（神相全篇）頭生異骨人爲貴面若乾枯定是貧（王管訣）艱辛多面大鼻小（神異賦）不了必面大頭尖（神相全篇）男子頭垂一心貪酷面上生泡妻子俱喪（柳莊相）窮則面薄無腮則必鼻尖首大多學少成必是有權無面（水鏡集）破家

損子定然面肉輕浮（神相全篇）綳鼓難言壽（驚人賦）虛薄定主夭（神異賦）反無勢貧少幫扶（神相全篇）腫鼻多屬爲奴卒凶暴多面橫骨反財至必封起面豐（水鏡集）喜面瘦身肥忌面肥身瘦（神相全篇）面粗身細者多趨利達身粗面細者少吉多凶（燭胆經）面白身黑性易而賤面黑身白身難而貴（神相全篇）身白面黃不久守困身黃面白不久身榮（柳莊相）面似橘皮終主貧苦橫生面肉其性必凶（神異賦）面上生瘤主窮凡肉瘤紅色者佳白色者不好背上生瘤主富然而不久（柳莊相）青變藍陰險毒極雀子斑晦氣蹇難（神相全篇）面若青瓜堪誇賢哲黃瓜面色富貴榮華皮厚者鈍富皮薄者敏貧（麻衣相）焦枯似塵貧而夭死三拳之面剋子而窮（女主賤剋夫神相全篇）面色之最喜者白如凝脂黑如漆光黃如蒸粟紫如絳繒而神滿氣厚者榮貴之資也更有面如滿月氣深色秀而神彩射人者謂之朝霞之面男主公侯將相女主后妃夫人如其部位欹斜不正傾側反勢色嫩氣嬌精浮神泛赤暴如火昏暗似泥毛色茸茸無風似有塵埃者皆至貧夭也（同上）面上麻點亦主吉凶麻內色暗而晦滯者其氣濁麻內色紫而盈面者其氣秀精實氣固麻色麗氣散神衰麻色枯有鐵面連鬚古怪之麻取雙麻細緊入鬢而不斷有一面龜紋大塊之麻目有神光眉有氣魄有此丰采氣象便成大器麻之最要緊者眉也凡滿面麻兩眉長秀而麻不侵斷者爲濁中清有一面黑麻麻內紅黃有氣口唇色鮮紅麗是花爲麻有血氣唇有精神定多福壽有面白而麻白者主夭如白麻而紅若罌桃者秀氣也凡麻之滿面而無傷於眉不攢於目不破印不撓鼻不鎖口者最難得也（水鏡集）頭方者頂高則爲居尊天子額方者頂起則爲輔

佐良臣頭圓者富而有壽額闊者貴亦堪誇（神相全篇）額方而闊初主榮華額骨削偏早年偃蹇（神相賦）額寬終是貴額小沒田莊額塌者少年虛耗額低者刑剋愚頑額門殺重者早年困苦頭側額窄者庶出之人額大先妨父頤尖母必亡右陷損母左陷損父雙頂亦主損父頂陷者主夭束核者主賤（神相全篇）額多旋毛額多亂紋二者主過房（柳莊相）下長上短始於憂勤下短上長終於逸樂（燭胆經）五長者頭面身手足五者俱長而骨貌豐隆清秀滋潤者善也如骨枯筋露乃屬賤相或有手長足短主富貴手短足長主貧賤（神相全篇）五短者頭面身手足五者俱短要骨肉細滑印堂明潤主公卿如骨肉粗惡五岳傾陷者主下賤上長下短主富貴上短下長居貧賤也（同上）五露者眼突促壽耳反無知識鼻仰主路死結喉惡死五路俱全福祿綿綿（同上）一露二露有衫無褲露不至五貧夭孤苦（同上）然有五露全而賤者如目露無神鼻無準口露齒乾黃耳露無輪廓聲露無音亦有一露二露而貴者如目露內有眞光而藏秀鼻露準必瑩潤而藏收耳露必輪廓完全而有珠口露必齒如含玉而齊固聲露必條達而音清兼之色露而不露氣威露而不露神乃貴相非賤格也又有眉骨高而無眉顴骨高而無髯口闊大而無鬚皆為露也俱主貧賤（水鏡集）五小者頭眼腹耳口俱小端正缺陷者主貴其三四小一二大者屬貧賤之相也（神相全篇）八大者眼雖大昏且濁鼻雖大梁柱弱口雖大垂且角耳雖大門孔薄額雖大骨無着聲雖大破且悲面雖大塵則翳身雖大舉止危以上八大苟有如此缺一不應則反主貧賤也（同上）八小者眼雖小俊秀且長鼻雖小梁且柱口雖小稜且方耳雖小堅且圓額雖小平且正聲雖小宮且商面雖小清且明

身雖小停且齊以上八小苟有如此端美相並反為富貴也（同上）六極者頭小為一極不得上天力額小為二極不得父母力目小為三極無有廣知識鼻小為四極農作無體息口小為五極無有盛衣食耳小為六極壽命促朝夕（分紋經）倘頭小方平額小圓正目小精明鼻小柱成口小媚生耳小有輪亦主聰明衣食（同上）十大空亡者額尖綳鼓者為天空主孤刑父母五十前不吉頦削為地空主晚孤寒天倉陷為一空主破祖祿淺面無城廓為一空主無成無壽無祖業山根陷為一空主離祖親疎風門露為一空主財散親疎破祖離妻鬚不過唇為一空主費力朋疎財散子弱耳無弦為一空主破祖無居財耗無結果唇無鬚為一空主賤孤晚苦（神相全篇）五行相生者如耳為輪珠鼻為梁此金水相生主吉眼明兼耳多神氣非貴卽富口方鼻直此金土相生主貴唇紅眼黑為木生火主志氣財足舌長唇正為火生土主中年發福眉秀眼長主貴（同上）五行相剋者如耳大唇薄為土剋水主貧唇大耳薄亦主貧鼻大眼小金剋木主孤貧眼大耳小主夭舌小口大為水剋火主孤耳小鼻聳貪惡多災舌大鼻小為火剋金主財破鼻大舌小主苦貧眼大唇小為木剋土主貧唇大眼小主賤死無墓（同上）其有美惡相雜如頭雖圓折腰枝額雖廣脚却尖頤骨雖峻皮却粗耳雖厚梁柱低髮雖黑粗且濃眼雖長眉且促背雖豐手如枝胸雖闊背旋坑舌雖紅口如吹唇雖方齒不齊腰雖厚行如馳脚雖厚粗無紋身雖大聲音細面雖白色粗黑肉雖豐喉却結面雖短眼却長氣雖清行步欹語雖和人似癡色雖明視東西坐雖正食淋漓以上十二種皆有美惡相雜若此相者或富則夭或貧則壽或貴則貧或先富而後貧或先貴而後賤宜精思而裁之也（同上）又有太陰人乃貪

而不仁少陰仁乃小貪心賊而惡人太陽人乃心慈行善而無悔少陽人乃好外交陰陽平和人乃靜而謙也（水鏡集）

〔註〕 直紋指魚尾　明中生瞻指奸門　水星口也　眼又爲官星　兩齒又爲口德學堂耳門前又爲金馬玉堂之位　賦云男子頭尖終無成器　額窄者庶出或因奸而得頭如棗核者上下尖小主貧賤

論耳

耳爲腎竅腎衰則耳不聰腎敗則耳輪苦黑（廣鑒經）其運左七年右七年從男左女右而行耳不論大小要輪廓分明喜白過面對面不見輪厚廓堅紅潤姿色內有長毫風門寬大高眉一寸及水土金牛員棋貼腦耳六者此皆採聽官成也設或木火鼠豬（四耳）輪飛廓反及低小軟弱者此採聽官不成也不利少年損六親（神相全篇）若欲細明另詳於左

耳生貫腦而通心胸爲心之司腎之侯也腎旺淸聰腎虛昏濁所以聲舉性行也（神相全篇）厚而堅聳而長者主壽及祿兩耳垂肩者主貴（四寸貴壽蜀劉先主目能顧耳宋太祖口方耳大）高眉一寸主不貧（萬金相法）耳能齊日角大貴（宋齊丘）又主壽才智過人（許負）耳高過眉謂之君上臣下主聽明富貴少病壽長（郭林宗）貼肉者主富足（神相全篇）對面不見耳問是誰家子（大淸神鑒）貼肉垂珠紅潤財祿亨通（神相全篇）厚大垂肩極貴天年過八十方終（

廣鑒集）色鮮瑩白歐陽修天下名聲（神裏經）耳白如霜張齊賢忠正立朝（水鏡集）白如面及棋子者主名振（神相全篇）老來耳白主子貴耳無邊到有八旬之壽子勝孫榮上有邊者亦爲反（柳莊相）輪廓分明垂珠朝口者主財壽（萬金相法）輪廓桃花性最玲瓏（神相全篇）輪上黑子主聰明大痣在耳內主長壽（萬金相法）又黑子生貴子（神相全篇）耳根黑子客死他鄉（神異賦）大紅闊主官白主名望明潤主名遠塵黑主貧賤塵粗焦黑主貧愚（神相全篇）耳門如墨二十之客（大淸神鑒）門闊主智遠內生毛主壽無哭事（神相全篇）耳爲六堂昏暗者亦難決其登第（水鏡集）薄相前主賣盡田園（神相全篇）薄如紙主貧苦（大統賦）女剋夫（神相全篇）耳薄無根者夭（同上）女耳無稜額削骨粗者多主爲妾（柳莊相）鼠耳主貧夭（神相全篇）反偏主無屋（水鏡集）耳反主祖業難招（五總龜）箭羽主貧賤尖小主孤窮（神相全篇）上尖多殺下尖不良（麻衣相）左耳缺先損父右耳缺先指母（水鏡集）左右廢缺雙親並損及主離祖（萬金相法）兩耳大小主迍害（神相全篇）耳大小主外家養大之人（柳莊相）耳低於眉謂之偏堂降地主破祖弟兄少自不利（水鏡集）命門容鍼愚頑而夭（神相全篇）又主家無一金（洞中經）耳內淸忌血疾（柳莊相）皮粗靑黑而乾主走他鄉（廓林忠）又主腎衰不久（廣鑒集）耳前命門火厄作事有始無終（萬金相法）輪爲城內爲廓城兜廓吉廓兜城凶（大淸神鑒）無輪兼反薄一至十五歲妨尅破祖如長大主孤貧夭也（神相全篇）耳輪反露足破田園（羅眞人）耳顯三珠左定嗣右定妻一曰白珠耳尖上貴陰亦同二絲紅珠右耳

中生一珠一子二珠五子陰亦同其珠如粟米大圓者應如綠豆大圓者少應氣色瑩白紅潤者貴而吉黃老病靑者腎衰黑燥者腎傷忽輪上如火炎者紅色七日內防口舌破財或暴焦色慘靑色其壽不永也（萬金相法）再考五行輪耳金形取瑩白端方木形取壽長尖直水形取圓滿貼內火形取尖長高露土形取厚大珠垂皆爲合格其中又有生剋之理如木形火耳爲木火通明之象主早發官星金形火耳主早年刑傷金形水耳爲金水相生主大財名聲火形水耳爲水剋火主貧夭土形木耳爲息氣主幼歲迍邅水形耳反爲汪水泛濫多刑多敗（水鏡集）然賤人有貴耳而貴人竟有無貴耳（麻衣相）只因耳爲孩運不足爲憑也（水鏡集）

〔註一〕偏堂耳名　二、命門耳孔也

附圖

金耳

主福壽晚刑

木耳

主貧苦無成

扇風耳

主破敗無依

低反耳

主耗散刑害

堅硬耳

主富貴福壽

牛耳

主富貴福祿

水耳
主富貴全美

火耳
主孤壽勞碌

土耳
主福壽榮昌

羽耳
主先富後貧

棋子耳
主興家創業

驢耳
主勞碌有壽

鼠耳
主奸詐盜賊

猪耳
主命不善終

虎耳
主威嚴奸險

開花耳
主賣盡田產

華肩耳
主貴不可言

貼腦車立耳
福祿雙全

論眉

眉主早成鬚乃晚就（水鏡集）肝血虧者眉先白入運自二十六至三十五歲喜清高秀細灣長更宜濃細過目尾拂天倉不散主有伎量早年富貴細緊有彩層層伏起主聰明機巧福壽父子皆貴老年眉翠此保壽官成也若粗濃黃淡薄散低亂壓逆豎短硬濃若潑墨散落疏禿老主刑傷破敗此保壽官不成也（神相全篇）

夫眉者媚也為兩目之華蓋一面之儀表且謂目之英華故可分賢愚之別也（水鏡集）眉欲疏而秀平而闊直而長主聰明高居額上主大貴過目主大富有彩者賢貴白色者超羣（神相全篇）快樂無窮只因眉生額角多愁常慮皆為眉蹙印堂（水鏡集）淸秀灣如月樣可許運中折桂（廣鑒集）印堂雙分入鬢交時卿相何疑（神相全篇朝中宰相無交眉廣鑒集）眉心有赤脈女主貴男主富（柳莊相）十字高品（眉間印堂紋如十字）天字大亨（紋如天字大統賦）如元字紋者亦然（神相全篇）作坤字者祿二千石（大統賦）成土字者將百萬兵（同上）或有魚鳥紋形者主大將（人象大成）若印堂中紋如水鳥者主紆朱曳紫之官（人倫大統賦）倘紋如王田字者主列土分茅之貴（同上）眉濃稠密為虎眉主一生少快樂運淹滯（萬金相法）粗而濃逆而亂短而蹙者主性多凶頑短不覆眼者主孤貧（神相全篇）短不及目者貧賤（人倫大統賦）一生難為兄弟卽有終不靠也（廣鑒集）眉眼相連不斷運至災厄（同上）壓者主窮苦愁者孤粗者愚斜而卓者性豪（神相全篇）眉卓如刀陣亡兵死（神異賦）中心直斷惠性少兩頭高仰壯氣橫（張行簡）頭起尾低者性懦眉垂多為僧道（神相全篇）眉垂耳低主偏生庶出相連低陷主運至災危眉尾開花主運不通及蹙滯（柳莊相）眉頭有旋紋者主爭鬬然有左旋紋損父右旋紋損母橫直者左剋子右損妻二十八至三十歲大不利（神相全篇）直者刑妻又剋兒（金鎖賦）一主橫夭（人倫大統賦）豎毛主好鬥貧殺（廣鑒集）逆毛主剋妻女主妨夫（神相全篇）曲毛生毫上朝主剋子妻剋妻（柳莊相）眉散髩秃老見孤單（神相全篇）尾散者資財難聚頭

交者身命難傾（人倫大統賦）一主貧賤尅兄弟或不得兄弟力（神相全篇）命宮交鎖難保壽（通仙錄）後曲主兒孫淫又灣曲主淫（神相全篇）曲者多學又聰明（金鎖賦）缺者奸如無者多狡佞（麻衣相）髩厚無眉顴高無眉鼻高無眉鬚濃無眉面大無眉五者皆孤孀之相也主一生多成多敗（水鏡集）眉間上下生白泡主招花酒身亡（柳莊相）中有黑子主聰明而賢然左尾痣主奸賊黑子眉中生初主水厄（神相全篇）又主陰人口舌（柳莊相）如眉頭生主性剛眉上生主貴眉棱骨高露主粗莽惡災知進而不知退自強自勝作事不應（神相全篇）狠愎者低凹眉骨狂狷者陡高眉棱（張行簡）兩樣眉毛定須異母（柳莊相）左眉高右眉低父在母先歸右眉上左眉下父亡母必嫁（神相全篇）眉細主得陰人財帛眉輕口闊常招水驚眉重主外家養大之人（柳莊相）晚年毛長者主壽眉中忽然生長毫二十生三十死四十生主壽若四十之上忽生一毫者亦主三年內遇貴（萬金相法）眉與目同等兄弟五六眉如掃帚兄弟八九短不及目卽有亦非同胞（同上）眉後一旋主兄弟二三旋主二三三旋主四五濃闊疏六七旋螺必執旗槍眉上氣色忽後白者主哭傷忽然紅者主三日七日有口舌官訟黃明入華蓋日近遠喜信入宅又主出入吉（神相全篇）再辨眉之有彩然平等富貴不能有也如堯眉有八彩中峯太師有五彩古老眉有伏彩東方曼倩眉有紫彩故論眉之有彩者相中難得僧道得之必為祖師業儒得之官居極品庸人得之必得子孫榮祿眉若有彩便是耳目鼻口露而諸部不稱亦可鎮定一生之凶厄矣眉之彩毫頭不粗細緊不放非紫卽綠另忌一種可愛之處其色紺翠而濃中細發層層起伏而媚秀也如再加唇

若丹砂目如曉星主官居極品老年更見榮華也（陳希夷）

附圖

羅漢眉　主刑傷孤苦

清秀眉　主聰敏貴顯

劍眉　主剛直武貴

虎眉　主富貴昌盛

龍眉　主大富大貴

臥蠶眉　主聰俊富貴

黃趙眉　主破敗客死

八字眉　主孤壽小康

鬼眉　主淫盜奸滑

一字眉　主仁義榮華

一清眉　主英秀伶俐

大短促眉　主奸險勞碌

新月眉 主秀而且貴

柳葉眉 主少年富貴

掃帚眉 主無情少義

獅子眉 主功名顯達

小掃帚眉 主早發夭壽

短促眉 主夭壽不祿

前清後疏眉 主富貴不實

旋螺眉 主壽考多智

交加眉 主兇惡敲詐

疏散眉 主消耗財帛

間斷眉 主興敗無常

尖刀眉 主兄弟少緣

論印堂

印堂者一面之明堂也上應福堂武庫邊地之祿位下拱金馬玉堂顴耀之台星故印堂闊天庭廣日月角開眉目得其舒展兩顴得其有印天庭高爽印堂平闊闊星直貫天中蘭廷準頭朝拱可掌八方

之印綬印堂傾額陷角尖塌眉頭交鎖腮短少髯定主多業多敗常嚧常憂印堂傾而山根斷魚尾低而倉陷庫妻子難爲印堂寬廣兩目秀長定應功名顯達印闊額開呼聚喝散之額柄伏犀骨貫人印堂鼎甲傳臚之士懸針紋穿山破嶺遭刑犯法之徒天庭牆壁皆方印堂圓滿主早有騰昇印堂大忌紋冲痣破主一生破敗刑傷印堂又爲紫氣星一身氣之聚處福堂印堂準頭三光氣運明亮定主名利兩通故吉凶未至其氣先從此地而發此地而退也（水鏡集）

論目

目爲肝竅（瞳神屬腎白屬肺）肝得血而能視肝絶則戴眼魚目（死期甚速時邪亦有可生者　醫書）兩目共管六年三十五至四十歲眼要黑白分明如鳳象獅麟虎龍猴鶴八者皆眼有眞光而神藏不露黑如漆白如玉波長射目城露神藏主有大顯功名此監察官成也又有牛眼多壽孔雀鴛鴦眼亦主富若蛇蜂羊鼠魚馬雞豬火輪四白等眼赤白紗侵瞳圓黑白混雜兼神光太露昏昧不淸主愚頑凶敗之象此監察官不成也（水鏡集）

天地之大託日月爲明一身之榮託兩目爲光日月能照萬物兩目能知萬情左爲日父象也右爲月母象也（神相全篇）眼喜長而深光而潤主貴（麻衣相）黑白分明睛光朗照爲星辰俱順主大富貴（水鏡集）含藏神灼然有光者主富貴（麻衣相）秀長主近帝細深長主壽兼性隱僻黑如漆能文（神相全篇）眼中有痣主聰明目有重瞳有帝王之象（水鏡集）神定神全主高官眼長

一寸主封侯伯眼下臥蠶主子貴（神相全篇）睛如點漆三十後五年可貴（廣鑒集）目如曉星四海皆聞（水鏡集）淸光淨明爲福壽（同上）瞻視平正爲人剛介心平（神異賦）大而凸圓而怒主促壽（麻衣相）眼不轉睛及上下左右視者主做賊（柳莊相）圓小短深其相不善凸暴流視者主淫盜耗然偏視者邪赤縷貫睛者惡赤痕侵睛防官事目赤瞳黃少六親而又主夭亡或病尅妻浮而露睛者夭短小主愚賤卓起主性急偷視主淫蕩（俱神相全篇）黃潤定至於黃髮白乾終至於白丁神陷主壽短睛凸主極刑（俱人倫大統賦）眼大露光犯刑死眼大多招陰人口舌男女睛黃多燥急再露犯刑眼大小主俱內（俱柳莊相）左小主長男兼怕婦（麻衣相）右小女怕夫（水鏡集）目紅語結好色無窮眼邊生泡主子女多淫忽然眼垂下視主死（柳莊相）目尾相垂夫妻離目頭破缺主破家目露四白主陣滅黑少白多主奔波上白多必奸下白多必刑偷觀如淺多疑三角深藏毒害（俱神相全篇）女子三角剋夫如劍（大統賦）眼光如水男女多淫眼不哭而淚汪汪心不愁而眉縮縮早無刑剋老見孤單（神相全篇）轉動不定心有疑慮兩眼浮光雙輪噴火兇惡盜奸之輩下視者心有感思上視者勿與交游眼上視其心必高目如臥弓作事奸[illegible]目善必慈眼堅心剛（俱神相全篇）眼突主災迍眼露心亦露眼大不浮露多攻藝業（月波洞中經）昏暗流露主貧夭（水鏡集）斜視必妒（神相全篇）一主慳吝而口腹不應（同上）斜盼者人遭其毒癡視者自剋其刑（人倫大統賦）子孫宮宜豐滿在兩眼之間（麻衣相）婦人貌重必黑白分明目深剋夫少子力兼塵濛貧死他鄉眼中黑子女多姦黑子生在眼泡上主竊眼下者妨害三

陰三陽忽然生黑氣深者二五日淺者二七日主家宅不寧女是非紅主火災眼下靑口舌赤官災黑破耗黃明吉陰人目下靑主喪夫赤主產危眼尾赤瑩白光潤主夫增財祿（神相全篇）更有睡眼神濁而如睡驚眼神刲而如驚皆主夭壽醉眼神昏而不醒須防服毒病眼神昏而如病壽巳近期皆圓者其機深於城域堂露者乃子似乎螟蛉人之神在目夜則神寐於心晝則神游於目欲察神氣虛實心術美惡必當先視其目故視其外者則知其內（人倫大統賦）所以眼明則神淸眼昏則神濁淸則貴濁則淺人有一分神一分衣祿十分神十分衣祿無神者不貧則夭眼有瞟視亦有近視二者有聰明而貴有凶惡而賤先取神次取形可辨其貴賤矣（水鏡集）辨眼神有七法如藏不晦安不愚發不露淸不枯和不弱恐不爭剛不孤者眞大人之相也倘藏而晦安而愚發而露淸而枯和而弱怒而爭剛而孤者是小人之相也（同上）所以貴人有貴眼賤人無貴眼也書云但知心裏事只看眼神淸眼乃心之門戶觀其眼之善惡可知心事之好歹其心正則眸子瞭焉其心不正則眸子眊焉（神相全篇）此外又有目如鸞鳳必定高官（同上）龍目鳳睛三台位列（人倫大統賦）如鯽魚者家肥（神相全篇）睛如魚目速死之期（神異賦）羊眼主孤狠（神相全篇）一主招禍（人倫大統賦）犬眼荒淫（同上）鴨之眼不善終（同上）然鵝眼一主福壽（神相全篇）鷄蛇鼠三目主盜竊貪淫（月波洞中經）一主賤（人倫大統賦）猴目主賤四者倘像木形者爲吉（同上）然猴目又主富貴（神相全篇）豕視心圓而無定狠顧性狠而難明（人倫大統賦）龜眼牛眼多福壽象眼鶴眼主富貴（神相全篇）

〔註一〕旨潤瞳子可至黃髮之壽　眼若白乾不秀終作白在之子　斜盼者或兵死

附圖

鳳眼　主大富貴壽

猴眼　主多疑性淫

孔雀眼　主夫婦和諧

獅眼　主忠烈義氣

牛眼　主先勞後祿

馬眼　主勞碌貧苦

虎眼　主武職兵權

陰陽眼　主富貴奸巧

鷺鷥眼　主有規有章

夜鳳眼　主福壽榮貴

鵲眼　主榮華顯達

魚眼　主壽促愚笨

象眼　主貴而長壽

鳴鳳眼　主清高貴祿

鶴眼　主榮華富貴

鴛鴦眼　主富而多淫

鼠眼　主偷盜少情

龜眼　主多壽福康

雁眼　主伶俐蘊玉

桃花眼　主酒色好淫

猿眼　主弄巧成拙

龍眼　主貴而且壽

鷄眼　主盜賊刁滑

丹鳳眼　主義忠貴顯

鹿眼　主性急好義

醉眼　主淫而且賤

蛇眼　主險惡弄巧

熊眼　主性毒無義

羊眼　主無情奸詐

狼眼　主偽詐險惡

火輪眼　主惡刑客死

獐眼

主不仁不義

論顴

顴者權也印者印也顴高印滿必有呼聚喝散之威低陷無勢當權反覆顴有關鎖自能起家若低尖無關不鎖衣食缺破雙顴插天兩目有威方有威權需人歸皈顴高鼻豐地角朝中享用到老顴高頤削作事難明晚歲伶仃獨顴無印中年敗業有面無顴為人少力顴起鼻高頤又豐晚歲更多錢益顴高鬢疏老見孤單顴高插天目長印滿面起重城貴享八方之拱顴高勢強若目大睛渾印陷陷低又為文星失陷印綬無根但得貴人之權力非貴器也顴高鼻陷多成多敗鼻高拱主多幫助鬚清髯秀必得貴人之力（水鏡集）左顴青出父先死不死不刑便自傷（銀匙歌）女子顴高必奪夫權顴高如峯破殺三夫紫氣侵顴主大吉黃氣插鬢功名至青氣侵舌兄弟口舌白氣繞顴兄弟防厄（水鏡集）

論鼻

鼻為肺竅肺有邪則鼻塞肺氣絕則鼻搧鼻煤（在時症中亦有可生者不可執一　醫經）屬

土爲土星乃三才之總路（水鏡集）鼻管十年自印堂三十六至右庫四十五歲鼻梁準豐隆聳直有肉伏犀龍虎牛胡羊截筒盛囊懸胆端正不歪偏不粗小上下兩邊朝拱爲審辨官成也若狗鼻鯽魚鷹嘴劍峯反吟三曲三彎露孔仰灶扁弱露脊露骨太高孤峯太大空浮主貧苦無成奸貪刑惡準紅準黑定主敗家此審辨官不成也（神相全篇）

鼻乃一面之主爲五獄中之中獄四瀆中之濟瀆五星中之財星爲中央戊己土又爲肺之靈苗也上爲山根中爲年壽下爲準頭蘭廷相輔論山根者山也山不厭高土星者土也土不緣厚（水鏡集）年上壽上在鼻中主壽之長短（神相全篇）光潤豐起不貴即富（大清神鑒）高隆有梁者主貴（廣鑒集）一主壽（神相全篇）豎有骨者主壽（同上）懸胆主貴（心鏡經）鼻如懸胆平生足祿足財（太九眞人書）如懸胆而直截筒者富貴（神相全篇）如懸胆而有骨法者貴作朝郎無骨法者富有千金（同上）懸膽主六六至五九大發財祿（大統賦）柱直年豐肉厚接連東西二嶽準圓庫起主家宅廣人口多三十六至五十九大妙（萬金相法）梁圓貫印堂者主美妻（神相全篇）伏犀貫頂爲大貴（麻衣相）獅子鼻聰明縮囊鼻老吉眉接鼻梁早年發達晚歲加封廣相主伎倆（神相全篇）準頭圓滿相應東西兩岳相輔爲三星聚位主有財祿準頭肉堅定主興家立業（同上）準頭豐大心無毒（神異賦）圓肥主俱足準頭光潤主事順（神相全篇）準頭南方不忌偏惟忌曲因南方無正土北方忌偏偏左外家破偏右老來窮（柳莊相）準頭尖曲主好奸準頭掀露老見孤單（神相全篇）準頭垂肉主貪淫（麻衣相）鼻柱左爲左庫右爲右庫取高

長端正孔竅卽庫之門戶取豐厚收藏皆主財帛有積竅小庫齊好聚不捨庫寬反仰無積反施（萬金相法）準頭要圓孔宜不露又得蘭台廷尉相應主富又主得美貌之妻（神機賦）庫忌低陷曲塲戶嫌掀露薄尖（神相全篇）井灶薄而能動一生之望聚財乃敗子也（柳莊相）鼻孔外仰成惡敗（照胆經）鼻孔黑暗辨事難成（柳莊相）竅小慳貪（左右胞謂之仙庫）鷹嘴主心毒（神相全篇）一主吃人心髓（呂純陽）又主好成要敗四十五破財（月波洞中經）鼻孔一二毫長者爲長鎗多者爲餘糧寧教倉庫有餘糧莫使井灶有長鎗（柳莊相）準頭缺陷人事不和四十三多是非口舌左庫缺陷財物消散四十五破財右庫缺陷橫事極多四十五破財（萬金相法）鼻頭缺破孤獨飢餓（麻衣相）早壽有一陷一缺或一紋一痕主成敗一次有二紋成敗二次（柳莊相）鼻起節主破家死在外鄉（同上）鼻露見梁客死他鄉（麻衣相）四岳低鼻梁高名曰孤峯獨聳主六親無靠財散（同上）偏斜孤滯曲者孤貧（神相全篇）三曲者孤破三凹者無親（同上）鼻偏左祖亡（同上）父亡（萬金相法）偏右傷母（同上）鼻梁無骨必夭（神相全篇）萬金相法）短促切莫求官（許負）短小偏促主貧賤（大統賦）短尖主無智而苦（神相全篇）山根低陷先敗祖業後更貧窮（萬全相法）梁柱不全反主夭（水鏡集）梁柱不直中年遭厄（伏犀骨起若無腦眼睛昏濁者孤夭之相梁直蘭廷正主治家有方有黑子主迍滯橫紋主車馬傷縱理紋養他人子（俱同上）準頭黑蘭廷暗慘旬日身亡（海底眼）準頭黃紅主生財祿紅又主走東奔西黃明者喜到黑大病黑如濕灰敗家喪命赤破耗白破毒色黑肉薄非賤卽夭年壽上縱橫紋

理家破苦窮忙女不配取山根更折田圓不守妻子先亡山根黑子妨妻害子在鼻側大凶印堂中間黑者貴吉印堂山根氣色明者吉暗者滯（神相全篇）年壽黃明主吉（鬼子谷）年壽上有黑子者防兄弟鼻上有黃點如蠟者主作藏或有意外橫財如光散開四佈主巳得年壽黑者病赤者官災青紅主耗破自主哭（神相全篇）

〔註一〕山根更折三十七至四十同兼厭眼防病死　年壽黃明主吉一分一年

附圖

龍鼻　主大富大貴

懸胆鼻　主福祿壽全

伏犀鼻　主英俊榮華

虎鼻　主雪手成家

象鼻　主興家創業

胡羊鼻　主英雄蓋世

鯽魚鼻　主庸祿無成

孤峯鼻　主孤獨大敗

露灶鼻　主不儲財帛

鹿鼻　主榮貴顯達

鷹爪鼻　主奸險刁惡

大蒜鼻　主成事小康

狗鼻　主陰險刁滑

截筒鼻　主富而且壽

猴鼻　主量詐多思

獅鼻　主富貴福祿

偏凹鼻　主奸詐孤苦

側脊鼻　主窮苦伶仃

論人中

人中長短斷壽廣狹斷子（水鏡集）所以爲壽命男女之宮也（神相全篇）欲長直垂而外闊兼全者善相也（麻衣相）其細狹則衣食逼迫平滿則迍遭多災上狹下廣子孫多上廣下狹兒媳少（水鏡集）上下俱狹而中心闊者主子媳疾苦（同上）而難成（神相全篇）上下直深者子孫滿堂上黑子多下黑子多女（同上）中有黑子婚妻易而養子難留兩黑子主雙生橫理主至老無兒豎理者養他人子縱理者生兒宿疾（麻衣相）縱紋一線多損兒郎細如懸針絕子老貧（水鏡集）直而深主多子平而淺主不生深長主富壽淺短主夭（神相全篇）緣何壽命不長人中短促（太九眞人書）一云子孫不足（許負）屈曲主無信蹇縮主夭賤（水鏡集）廣闊主淫少壽偏左生男偏右生女（神相全篇）斜左損父斜右損母（麻衣相）如破竹仰者家有貂裘之貴更若瓜棱之樣老見鰥寡孤獨之貧（水鏡集）

論法令

法令者主號令之端肅上能接連八部三台之拱應下能帶令地閣仙庫之歸朝蘭廷分明清潔爲貴兩旁爲根基長而至地閣者爲壽帶短而入口者爲騰蛇白閣道者曰法令現在金縷獨鎮江山騰蛇侵於水道餓死台城財食艱難只因漏糟侵破聞喜不喜定然印綬模糊豐衣足食只爲紋理圓長缺柴少米皆因法令沖破蘭廷帶令地閣朝天壽屋永現於南箕井灶空露缺柴乏食於暮年蘭廷虛腫爲奴爲隸法令紫色喜兼勅命法令青黑災病來侵酒舍橫紋斷絕因酒亡身（水鏡集）法令紋深好殺騰蛇不侵水道紋內紅紫主福壽青黑主災（柳莊相）

論口

口爲脾竅舌乃心苗脾和則五味知脾絕則口開（醫書）口管十五年爲未主五十六至六十四歲（神相全篇）口要唇紅齒白兩唇齊豐人中深長仰月灣弓四字口方牛龍虎口唇不反昂掀尖安藏外輔聲音內應此出納官成也或猪羊狗口覆船鮎魚鯽魚鼠食羊餐唇短齒露唇黑唇黑上唇薄下唇反鬚黃焦枯亂濁多事多非此出納官不成也（水鏡集）

口爲大海容納百川上通五岳下通周身百谷以接萬物飲食之具而通五臟造化之關禍福之柄賞罰之所出是非之所會也（水鏡集）故端正不妄言謂之口德誹謗多出謂之口賊（五總龜）口

取厚而寬唇取端而正齒取排而齊故深藏端方潤厚紅潤者爲德大者取有收小者取紅方皆爲上相（水鏡集）方闊有棱者主貴壽（麻衣相）口闊唇紅者多貪飲食（柳莊相）橫闊而厚者福壽（神相全篇）正而不偏厚而不薄者非富即貴含丹者亦然（同上）如角弓或容拳著官祿（五總龜）口如四字者主富（水鏡集）五十六歲入運（貧女云）口無棱角者說是說非（太九眞人書）口寬舌大富足田糧口不見唇威鎮三軍其或闊而不正大而不收黑而不紅尖而不藏偏斜小薄而下垂者貧賤凶夭之相也（俱水鏡集）尖反偏薄或如一撮及無人自語者俱主寒賤（麻衣相）青黑者亦然口寬舌薄心好歌樂不言自動及馬口或縱紋入口者俱主飢餓口角下垂亦主飢餓鼠口主謗毀嫉妬（俱神相全篇）口如吹火家貧賤（玉管訣）一主孤（廣鑑集）猴口吹火聚注主無子羊口吹火聚注主孤寒好歌鵲口縮囊聚注主孤寒（通神鬼眼相）縱然有子必主別房（神相全篇）口闊不正主虛詐口小短主貧口小舌大貧夭右畔竪門田產破左偏乃主婦死迍（同上）口左唇損貪而奸詐（五總龜）口開齒露主夭睡中口開亦然（神相全篇）口水爲夜漕漕老人吉少年嫌三十有二年死四十有三年死五十有五年亡六十有六年亡（柳莊相）口中黑子食啖皆美（水鏡集）口有黑子主酒食女主淫無媒自嫁紫黑多滯邊紫心毒食噎平生蹇滯（神相全篇）

附圖

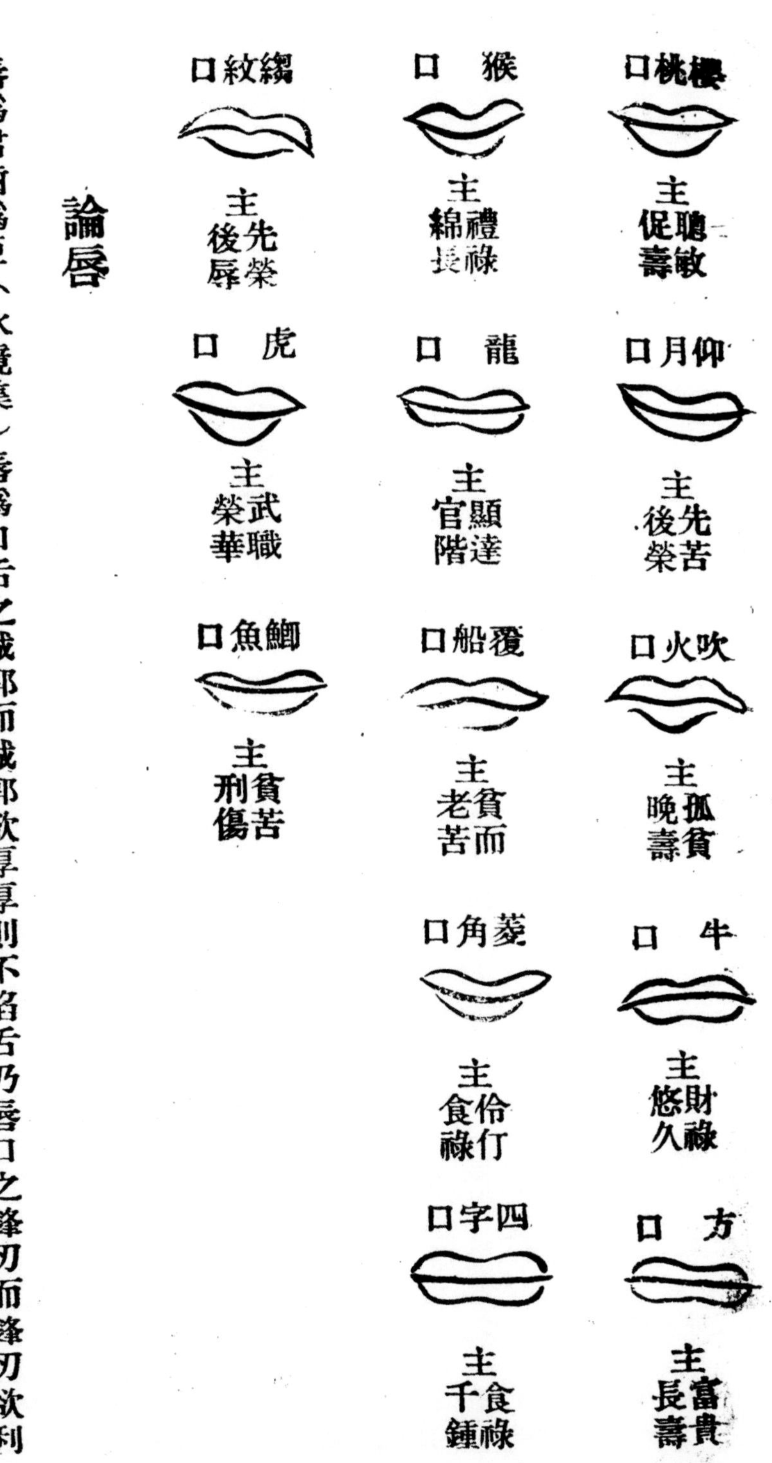

論唇

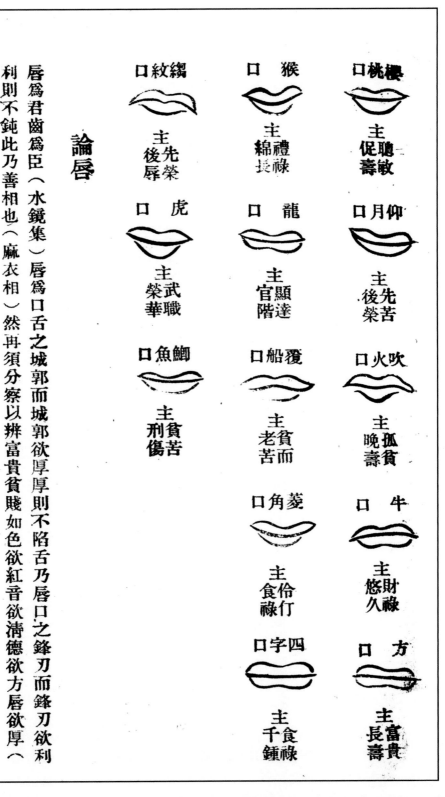

唇為君齒為臣（水鏡集）唇為口舌之城郭而城郭欲厚厚則不陷舌乃唇口之鋒刃而鋒刃欲利利則不鈍此乃善相也（麻衣相）然再須分察以辨富貴貧賤如色欲紅音欲清德欲方唇欲厚（

神相全篇）上唇名金覆下唇名金載上下紋理多者爲人寬和子貴孫賢（萬金相法）上下相當爲人寬厚唇合不正言詞無信（神相全篇）上下俱厚忠信能文上下俱薄妄言而劣（水鏡集）上唇長先妨父（麻衣相）上唇厚主天（神相全篇）上唇長而厚主命長下唇長先妨母下唇薄主貪食下唇長而薄亦主貪食（水鏡集）下唇過上貧苦上唇蓋下唇孤苦（西岳先生）上薄語詐下薄貧滯上下不相覆主貧寒（麻衣相）唇短齒長者有壽唇長齒短者不天（水鏡集）缺陷者下賤（麻衣相）不起者飢餓尖撮者窮死墜下者孤寒（水鏡集）薄弱者貧賤（神相全篇）口唇番蹇曰唇掀主孤剋（通神鬼眼錄）唇不蓋齒無事招嫌（神異賦）尖齒似鳥啄者多非厚以劍鐔者重義（水鏡集）寒縮主天亡老來唇索主子貴（神相全篇）唇上黑子主酒食（五總龜）唇內亦然（神相全篇）生於口角者災滯（五總龜）又云未主水災（神相全篇）生於壽帶主餓死（五總龜）紋理者壽帶入口主餓死（神相全篇）唇不着齒善調金鼎之羹（岩電道人）唇薄而動多奸無信之輩（柳莊相）綻無血紋爲自滿不謙紋理如花富貴榮華之客上下紋交生兒無比（水鏡集）有紋有子無紋無郎（鬼眼先生）口唇皮縐一世孤單（通仙錄）齒白唇紅才多藝（郭林宗）笑則唇揭露牙貧夭可見（神眼經）未語將唇先起邪奸在心（神相全篇）氣色紅潤者貴唇色紅杏不求自榮（同上）唇如鷄肝久病少痊（水鏡集）光紫快樂（麻衣相）可貴千里之爵祿（神相全篇）紅黄招貴子（麻衣相）淡紅而鮮者招美妻（水鏡集）白黯者招貴妻（麻衣相）唇青主來飢餓（柳莊相）青黑主餓死昏黑主心死淡黑主心毒青主

災天黃主病（同上）惟繞口黃明者吉（神相全篇）凡氣色好如唇白者亦屬不佳（柳莊相）

論齒

齒者構百骨之精華作一口之鋒刃運化萬物以頤六腑者齒也（神相全篇）爲骨之餘血壯則齒堅血衰則齒落（水鏡集）齒取方長圓潤排齊堅固者爲長壽尖薄疏稀短齙曲漏者爲夭年故牙可定壽又定食祿之有無其有大而密齊而整長而潤白而紅黑而明堅而固者富貴福壽之人也如大而漏尖而小斜而疏短而薄齙而缺者貧窮凶夭之輩也（俱同上）然門牙喜白淨色瑩忌焦黃枯缺（麻衣相）漏出暴亡疏漏貧賤繞亂叠生者狡橫（神相全篇）壯而齒落者短促（麻衣相）老而生齒者主壽剋子（柳莊相）齒如參差主欺詐上闊下尖性粗而食肉上尖下闊性鄙而食菜白玉富貴榮白稱心爛銀富貴榴子福祿如劍峯貴壽如粳米年高（神相全篇）語不見齒者貴（麻衣相）齒長一寸者極貴疏漏焦黃者學業難成（水鏡集）白如枯骨者終身勞苦（神相全篇）包牙者主慎內妻病少年不穩（柳莊相）龍齒子貴牛齒自榮羊齒顯鼠齒貧夭（神相全篇）一主剋子剋妻一生貧賤（柳莊相）凡齒具四十而白淨齊密根復深固者主佛祖賢聖之尊（水鏡集）三十八主王侯三十六主卿相三十四主朝郎或巨富三十二中人福祿三十平常如白淨色瑩者亦貴二十八主貧窮若白淨潔者亦有富二十四主無福鬼胎也（神相全篇）

附圖

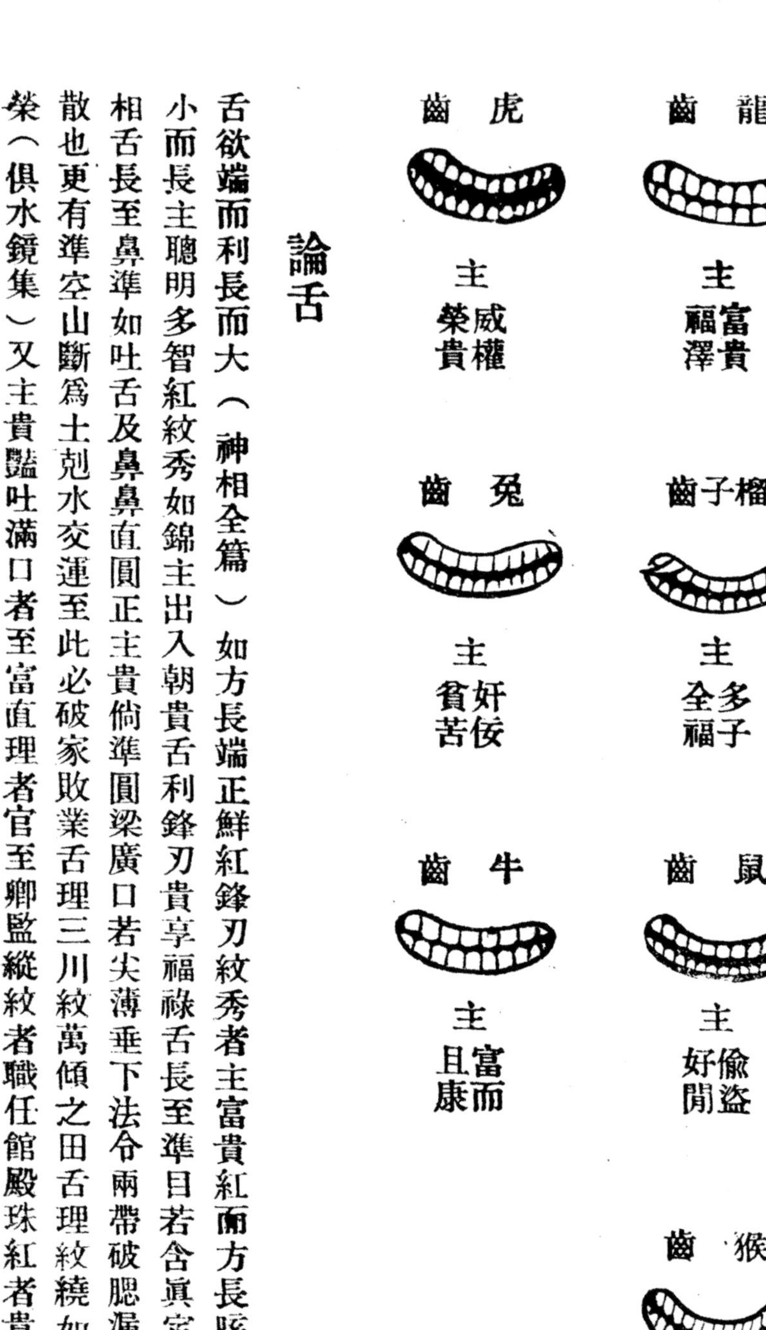

論舌

舌欲端而利長而大（神相全篇）如方長端正鮮紅鋒刃紋秀者主富貴紅而方長咳唾成玉紅小而長主聰明多智紅紋秀如錦主出入朝貴舌利鋒刃貴享福祿舌長至準目若含眞定主王侯宰相舌長至鼻準如吐舌及鼻鼻直圓正主貴倘準圓梁廣口若尖薄垂下法令兩帶破腮漏槽反主財散也更有準空山斷爲土剋水交運至此必破家敗業舌理三川紋萬傾之田舌理紋繞如花多子多榮（俱水鏡集）又主貴黯吐滿口者至富直理者官至卿監縱紋者職任館殿珠紅者貴剛如掌主

舌相赤血主祿（神相全篇）如紅蓮者富善如青蓮者貴賢黑痣者天祿（水鏡集）又黑子者語虛（麻衣相）黑壓者多凶粟粒榮遷黑翳者賤（水鏡集）如溫灰者凶（神相全篇）短大主愚懈短小主苦貧（水鏡集）禿短主迍蹇大薄主謬妄尖小主人貪狹而長者非詐卽賊（麻衣相）舌小窄方法主公王（神相全篇）白而黑者定爲執鞭之輩如蛇出者毒害舌斷主蹇滯舌小口大語言輕快大口小事不能了（水鏡集）未語而舌先至者好妄談（麻衣相）未語而舌甜唇者多淫逸（水鏡集）有話欲言而言不足乃有頭無尾疾言而口常撮聚必破產飄蓬無疾常吐而吐不收主先富後貧（動靜論）舌下橫生一梗老運無糧也（柳莊相）高味卿曰已上五官五大篇後兼載小種幾篇可謂詳且備矣其富貴貧賤壽夭不齊凡人有富貴壽諸相全者不足喜宜修心爲善則錦上添花更無不及之慮矣若人有貧賤夭等相不必憂宜諸惡莫作衆善奉行必能轉禍爲福也人心不一設能照此二句行事再看信心錄丹桂集敬灶全書勸善文等書則無有不改者也

〔註一〕　唇薄而動不聚財

長方舌　主榮華極品

短方舌　主大器晚成

短薄舌　主好說是非

長尖舌　主毒惡異常

短小舌　主貧乏壽夭

流年行運 圖在後

一二歲天輪三四歲天城五六七天廓八九歲天輪十十一人倫十二三四地輪十五火星十六天中十七日角十八月角十九天庭二十二十一輔角二十二司空二十三四邊城二十五中正二十六邱陵二十七塚墓二十八印堂二十九三十山根三十一三十二凌雲三十三紫霞三十四彩霞三十五太陽三十六太陰三十七中陽三十八中陰三十九少陽四十少陰四十一山根四十二精舍四十三光殿四十四年上四十五壽上四十六七兩顴四十八準頭四十九蘭台五十廷尉五十一人中五十二三仙庫五十四倉庫五十五祿倉五十六七法令五十八九虎耳六十水星六十一承漿六十二三地庫六十四陂池六十五鵝鴨六十六七金縷六十八九歸來七十頌堂七十一地閣七十二三奴僕七十四五腮骨七十六七在子七十八九在丑位八十八十一在寅八十二三在卯八十四五在辰八十六七在巳八十八九在午九十九十一在未九十二三在申九十四五在酉九十六七在戌九十八九在亥百歲週而復始痣紋缺陷須防（神相全篇）

運氣口訣

水形一數金四歲土厚惟將四歲推火赴五來求顯逆木形二歲復何疑金水兼之從上下若云水火反求之土自準頭初主限週而復始定安危（同上）

識限歌

八歲十八二十八下至山根上至髮有無活計兩頭消三十印堂莫帶殺三二四二五十二山根上下準頭止禾倉庫馬要相當不識之人莫亂指五三六三七十三人面排來地閣間逐一推詳看禍福火星百歲印堂添上下兩截分貴賤倉庫分平定有無（同上）

大運

凡大運自天中至地閣一十二位每位上行七年遇有黑子斑點紋痕皆主災滯若色好平正光潤者乃主吉兆也（人象大成）

小運

十八歲皆行額上以前至十九歲方交眉二十歲行去初中末上各行三年則二十八歲足二十九歲交眼行九年則三十七歲足三十八歲交鼻行十年蓋面上有四部位則四十九歲足五十歲交人中只行三年五十二歲足五十三歲交口亦行九年六十一歲足餘年皆行地閣每行運至三方上遇紋痕黑點皆主憂滯若色好平正光澤圓淨者則主吉慶也（同上）

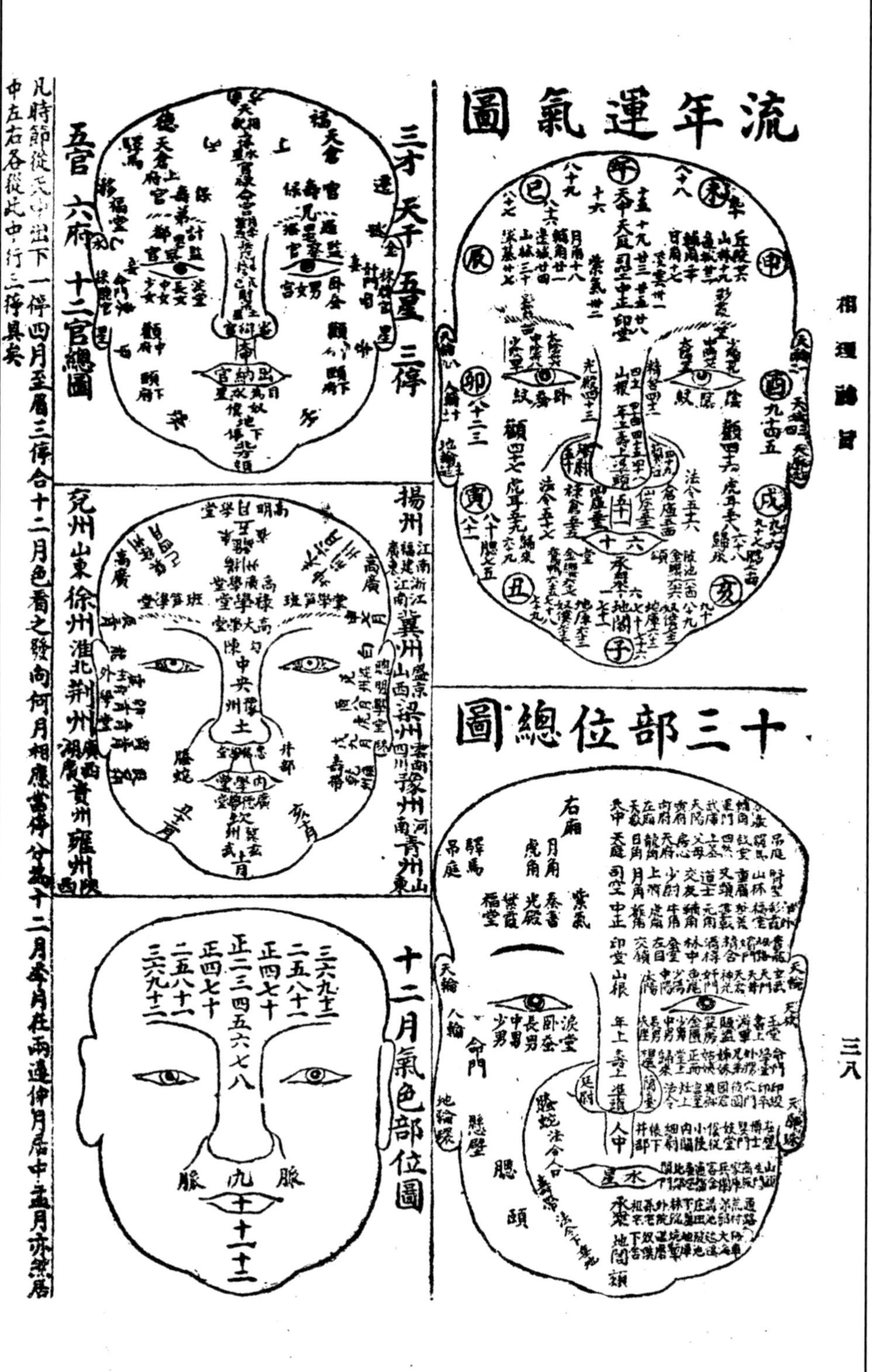

相理衡眞
三八
流年運氣圖
十三部位總圖
三才天干五星三停
五官六府十二宮總圖
十二月氣色部位圖
凡時節從天中出下一停四月至眉三停合十二月色看之發向何月相應當停分為十二月每月在兩邊仲月居中孟月亦然居
中左右各從此中行三停具矣

論氣色

凡觀氣色看春夏秋冬草木枝幹發生不發生之色觀早晚日映山色枯槁翠秀之色觀天氣將風晴風雨之色觀百花將開放將泛謝之色或以看銀色論如何是九五六色九七八色看銀色人亦不能說出所以然熟能生巧可以心會不可以言傳辨此數種色之精微一望知其吉凶矣蓋色有氣色有血色有骨色有肉色有鬚眉毛髮之色有皮內之色有皮外之色有膜內之色有膜外之色有五臟發爲五行之色不分類而觀色不足憑矣

色者青黃赤白黑紅紫祇此七色有氣而色光明者吉無氣而色暗滯者凶分得清澈看得的確雖千萬人不出此七色之外若人心之不同如其面焉千萬人千萬心卽千萬相故不易看也如氣色有分春夏秋冬十二月之說然總不能外準印之氣色而獨言應於他部惟五行生尅不可不知也青屬木黃屬土赤屬火白屬金黑屬水如鼻爲土星黃白色土生金紅黃色火生金青爲木尅土星爲尅土水之類餘可類推也

夫色不離氣氣不離色氣在皮裏色在皮外氣不和暖不可謂之氣色無光彩不可謂之色色爲苗氣爲根凡看根先看苗在內未遇在外已遇鮮明正旺淡色已散欲求某事卽看某宮又兼看準印顴之氣色合與不合故氣色之辨一年之間有與有廢一日之內有禍有福有色無氣爲浮光有氣無色爲暗滯油光而滑豔爲虛亮俱不正之氣色氣色朝出於面部暮歸於肺非論人憂於中而色凶憂時有

吉色非論人樂於中而色吉樂時而凶色氣色有霜上雪雪上霜霜上雪者面上之氣色內黑未退而外色加蒙者　如雪上霜者內有油垢之氣外加濃霜遇凍之象者是皆凶色也

相中有六氣發而爲色一爲青龍之氣其色如絳繒蠶明絳繒者如紫線之亂盤其色鮮豔也蠶明者如老蠶之光明也蠶將老自領而明人將發自準而明然後通於諸部故紫彩之色現於三天而發於子宮必生貴子發於官祿財星升官發財發於陰隲蠶囊必降天祿一爲勾陳之氣其色如黑風吹雲主敗亡分離一爲玄武之氣其色如朝煙合霧主惡夢喪亡一爲朱雀之氣其色如草火將灰主姦盜火災一爲白虎之氣其色如凝脂塗油主刑孝剋六神之氣惟勾陳玄武兩氣色最爲凶惡若從天門發於子宮損子剋孫纏於福堂準頭必然敗亡於命宮必損於命又侵犯於四門五嶽必犯天誅速行好事或可減免也

夫氣色有天機自動之妙安靜時準頭黑紫血如豬肝色一年內飛災必至憂患時印堂紅黃色映或紫氣放光於青黑之內乃憂患退而吉祥至內色開朗青黑自退矣故人雖遇險地準頭新開嫩黃色隱隱四庫點點焰青深深淡紅帝座又有黃光紫彩此爲國印印獨險退大福立至矣

氣色者內有五臟鬱爲五氣發爲五色青發於肝黃發於脾赤發於心白發於肺黑發於腎五色之中有吉有凶青色如翠羽者生如藍靛者死赤色如雞光者生如豬血者死白色如羊膏者生枯如骨者死黑色如烏羽者生如煤煙者死黃色如鵝毛者生如敗葉者死然氣色活動或行陰隲或作惡孽變吉變凶捷若影響矣

夫氣色發脈於準頭聚會於印堂然後通於諸部驗色氣之濃淡淺深定吉凶之大小遲速氣色有鬼神不測之機奪天地造化之奇最要緊者辨明動守色散聚色變成色害利色蹇滯色滑豔光浮色紅紫赤三色一一分淸辨別而斷之自有通仙之神驗矣

動色

動色者論神論氣可觀面目論色論光可觀印準準頭氣色之發處印堂氣色之聚處印堂氣色黃如明蜡紫如絳繪內氣深明外氣微暗猶如月晦重明之象宜乎動準頭氣色如新開嫩黃紫彩焰焰有光發出盈於面躍於目宜乎動鬚眉有翠綠紺青之光毛髮有離垢精彩之潤求官求祿大吉大利也

守色

守色者四瀆似明不明似暗不暗謂之流散五岳似昏不昏似濛不濛謂之滯氣宜乎守暗內淡明一面氣色不開獨發一二潤處宜乎守此色主吉凶易進易退也

聚色

聚色者凡氣足色內明爲聚色暗而四庫新開嫩黃紫色亦爲聚掌色定面外暗而內瑩明爲小聚或紅黃或青黑氣色之上如焰片片翠綠微微鮮紫點點霞青深深淡紅淺淺嫩黃得此豔麗之色爲大聚能開諸滯能退諸凶氣血瑩暖眸光射目白精貫神神通五岳氣秀鬚眉便是面色不足面色暗亦爲大聚多則半年與家少則一季大旺有此聚色無動愈吉財利遠至功名卽大成也

散色

散色者有色無氣爲散滿面光明黃黑白花雜不一爲散明中閉明暗中閉暗亦爲散面色淡白無氣亦爲散面明耳鼻俱暗眼光黑珠微亮白睛泛泛不定亦爲散此數件俱主敗宜安分可免半動則有害矣

成色

成色者凡功名成事求謀財喜俱宜耳明潤紅鼻準瑩盈方爲喜兆如神耳鼻準不明滿面光亮决非喜兆顴準部有比瑩然紫色目光明徹當利見大人如神準色滯雖未見凶亦無吉也

變色

變色者色暗變而明徹爲變喜明中鬱鬱而復暗爲變凶或有氣無色有色無氣乃易變易更也色明而眼如朦亦易變凶也色暗而目有守眞爲有鎮定之光主凶而不凶也若或面現紅黃或面現青黑一日一變大不如三四日一變亦不如紫而變微赤紅而變微黑黃而變微焦皆爲變凶有此變亂不定之色雖有十分好色亦不爲美如氣色青黑暗中若帶微微嫩黃色來便能變吉皆發在土星之上印堂之中五山之頂方爲有用唯黃色乃脾土之神每季各旺十八日見之變吉也紫色乃五色中精彩故無論青黃赤白黑中見之有吉無凶也唯目中之神乃心肝脾肺腎之精華所聚而成故曰神能留氣也

利色

利便色者暗中自有溫潤榮暢隱隱而明於內耳準顴印俱瑩掌心氣潤皮血光彩眼內神足貫盈行

事俱利其色離面薄薄微暗額準頦頦五岳岳氣深明行事利便凡有此色乃無往而不利進退俱吉也

害色

害色者年壽赤忌官刑害四庫暗忌途路女人害井竈赤忌破耗之害山林赤忌火災之害印堂青忌牽連之害地閣黑忌水厄之災目色或散黃或泛綠必主大害若遇此色防大人見怪魔鬼暗損宜忍耐安分或可稍減動則禍害隨身矣

蹇滯色

蹇滯色者乃是濁氣外露脾土不和五臟不潤故色滯而四庫加濛耳準如煙三陽不開滿面如泥諸事蹇滯一面微明目起障色為陰合而陽散作事蹇滯面黃凝滯如泥為犯土滯面青藍晦無光為犯木滯面黃縞裹焦赤為犯火滯面黑煙霧濛濛為犯水滯面白乾枯不潤為犯金滯面光滑豔如油為犯神滯外明而內暗為犯氣滯此皆大忌之色少年有此二十年蹇滯末年有此終身無運乃大窮大蹇之色進退不利宜作陰隲善事或開其滯可希減免也

滑豔色

滑豔者氣色各有不同另是一種異樣如油在琉璃之上色重如丹青畫雖然紅豔如用硃砂於紙上內氣不應外氣不潤虛發一滑一豔若抹油侵垢之色乃氣中色浮泛將變之色故滑豔非吉色也若非隸卒定是娼優便有淸媚處不免淫賤之態亦主刑刑即有微官失祿去職庶農亦受其殃故滑豔

一來災不遠矣詩曰色若鮮明一派光紅如顏淡白如霜不成斑點成虛色百事無成有禍殃

光浮色

光浮者與滑豔不同另有一看白如粉灼灼滿面名爲光浮有色無氣主敗家刑傷少年有損老年剋苦若重必定亡身女妬且酷難言有子破敗至萬分富家之子有此色必定貧窮光浮非是美色乃精神氣血浮泛變亂之色是禍殃之根有百千之忌無一可取詩曰色嫩浮光敗必然刑傷破壞有千般少年三九歸泉壤老主刑剋又艱難

辨紅紫赤三色

紅紫赤三色惟赤色最難辨三色雖相近相似而吉凶禍福所差甚遠相家若辨分明吉凶甚准紅色乃有吉有凶赤色乃有吉有凶赤色乃多凶少吉也

紅色

紅色在皮外膜外其色紅活焰焰若動有而光色鮮點點分明絲絲明潤方爲正紅色爲喜爲吉光焰一散不成斑點不驗矣

紫色

紫色亦在皮外膜內紅深鮮利不散不焰而隱隱深藏瑩瑩堅入色明潤澤而微微焰光猶在肉裏而透出皮外如祥雲襯日爲正紫色乃大貴色也發於五岳自有一種英發冲於四瀆自有一種秀媚瑩於骨肉自有一種榮耀發於鬚眉毫髮自有一種華彩故紫氣最難有也欲深藏不露然十分不露又

爲暗滯乃太過不及俱不驗矣若一散一亂一老一淡非作紫色也

赤色

赤色者紅乃心經所發黑乃腎經所發爲腎水來剋心火豈非染而爲赤曰變赤赤色有凶無吉或因驚恐焦心或因嗔怒鬱結火氣外冲閉於膜內連片昏暗其色重而顯急而亂其勢甚大其形甚壯成片不成點四季若見此色不拘何宮皆主大凶若侵一二宮稍可連繞四五宮其禍不淺輕則破家重則喪命赤色尙有分别者赤中帶黑焦主大凶危赤中帶青帶黃爲花雜禍害不大赤中帶鮮紅色焰亦主速喜赤中帶嫩黃色轉禍爲祥

論四季氣色分十天干

春三月東方甲乙木左顴是也青屬木乃肝神所發顯青色旺相也亦先驚後喜顯赤色相生也雖相生亦先凶後吉顯白色凶也乃金剋木主牢獄之災也顯青黃色木剋土也以此死亡矣春得木爲本色如變白色是金剋木主孝服兩顴骨黑色破財赤色官訟三陰青色女子之禍三陽青色男子之殃三陰青潤黃光生貴女三陽紅黃光彩生貴子如有喜將產三陰三陽黑晦無光喜中有憂子母不全凡準頭發紅黃光透至山根印堂天庭主七日內有財喜或升官進田宅生子女娶妻妾等喜

夏三月南方丙丁火額是也紅屬火乃心神所發顯赤色旺相也亦先口舌而後吉顯黃白色相生也雖相生白色先吉後凶黃色先凶後吉顯黑色凶也主災疾顯青色死也夏乃火爲正色赤色無礙最怕黑色太重乃水剋火主官非口舌生不測之禍兩眼及眉毛有晦色主司命刑傷破敗左眼下黑色

男子凶右眼下黑色女子病蘭台廷尉黑赤主血傷病重山根黑氣主身與兄弟災禍耳珠天輪黑色不久病亡兩顴赤黑爲朱雀來玄武旺宜靜不宜動準頭年壽山根及天庭黃紅光彩主百事歡喜無不順快如數部連青黑色求官求財俱不順適獨鼻梁黑色主患病黑重主死或準頭光彩其災減半矣

秋三月西方庚辛右顴是也白屬金乃肺神所發顯白色旺相也先哭後笑顯黑色相生也先病後吉顯青色囚也顯赤色死也秋以白爲正色怕赤色大重是火剋金也準頭有火焰出主官司破財笞杖遠逃之患準頭至山根有紅黃之氣主官貴薦書無不稱意左眼下赤男子之災右眼下赤女子之禍魚尾見黑氣有水厄之憂山根黑赤暗昧主身災及兄弟病患口舌兩腮黑氣是臟腑之疾盧醫難救口邊最怕黑氣來侵旬日定入黃泉矣

冬三月北方壬癸水地閣是也黑屬水腎神所發顯黑色旺相也亦先凶後吉顯青色相生也亦先驚後喜顯黃赤色囚也顯白色死也冬以黑氣爲正色怕土來剋水有黑黃色留連病患兩顴骨黑黃官災破財兩眼下黑赤男女災禍山根黑黃色水厄墜馬之驚眼常青色主命不久額有黃光一月內喜慶官榮青色主孝服爭訟更不宜出行也

論十二月氣色分十二地支

正月氣色寅宮在虎耳歸耳歸來法令酒池宜清白明潤方是正色欲成點成絲諸事皆吉若昏暗黑滯總不吉利

正月寅宮白帶青　錢財積聚喜事臨
紅色一來防火盜　黃侵失脫黑官刑

二月氣色看卯宮在命門眼下東岳宜青色發外成片不宜成點二月萬物發生不宜在內忌黑白赤黃不忌紅紫色

二月卯宮只宜青　明亮紅黃喜自生
一赤一黃東岳界　須知此際有災星

三月氣色看辰宮在天倉驛馬福堂天門右眉毛宜黃明潤澤忌白乾黑暗三陽有紅黃紫色為國印氣

三月天倉祇取黃　紅來相映必榮昌
白色侵入是孝服　黃暗破敗事乖張

四月氣色看巳宮在彩霞奏書虎角上至月角下至三陰諸色不宜獨喜紅黃光明暗滯災病黑客死青刑危黃失脫白孝服

巳宮火旺宜紅色　青氣來侵定犯刑
黑暗朝生墓病死　黃防破財白傷親

五月氣色看午宮在印堂及彩霞上至日角下至嶺根橋道宜紫赤紅黃乃五月火之正氣最怕見水若見黑白青暗主有刑危破敗

五月午宮要紅明　紫還見喜赤赤平
若生暗滯及青色　不破家業定犯刑

六月氣色看未宮在天倉乃暑月爲火衰旺之位只宜紫黃諸色不宜紫黃發　十八日內官卽升遷士子高捷商賈發財獨紫色不易得也

六月炎交火氣衰　黃光紫氣必生財
青暗來侵多阻滯　弱火逢金定有災

七月氣色看申宮在右眼下三陽臥蠶命門宜黃白明潤主有財喜忌紅赤黑暗爲災白帶深黃微紫百事吉利申屬金旺要鮮明爲妙暗滯爲害

七月申宮金氣強　頗宜白潤又宜黃
黑暗赤青多蹇滯　失官去祿士民殃

八月氣色看酉宮在右顴上不宜黑暗紅赤喜嫩黃紫深爲貴火氣已退金氣已成水氣已生故不宜紅赤不獨酉宮但犯一處紅赤定生口舌災疾

八月秋金只愛明　若還暗滯有災刑
不獨本宮喜黃白　滿面俱宜氣色勻

九月氣色看戌宮在右地庫連歸來下倉祿倉紅黃主財喜青黑赤不吉黃宜在外紅宜在內方吉紅若在外黃若在內亦不好戌宮是土旺之位

九月土旺要黃明　內外紅光是火星
若有赤黃現在外　貲財耗散主虛驚
十月氣色看亥宮在頦下邊地平口角連地倉地閣白色爲財赤色爲災黃色病死黑青不利口爲水星色善明潤不宜暗滯若一點一絲亦不爲美
十月亥水氣宜匀　色要光華一派明
一點黃光一點白　若非大病主官刑
十一月氣色看子宮同亥位乃一樣色也喜白不宜青黑忌紅黃赤亦忌斑點昏暗一陽來復故不忌黑水之正色亦不忌若青黑如珠者又主死
十一月中看須眞　各宮禁界要分明
惟嫌子位黃赤暗　青黑如珠命受刑
十二月氣色看丑宮在下庫宜青宜黃宜暗不宜滯黑重爲滯色赤重亦爲滯色定要認眞分淸部位以子丑二宮相連不可差錯子宮宜白不宜黑丑宮宜黑不宜白
十二月中黃色成　白光一見便相侵
若還赤滯如烟霧　二七之時必有刑
論陞官科甲名利氣色生死日期訣法
天庭黃氣色瑩者生黃如初發柳茅者生黃如黃銅色者生主見財喜黃如雲霞之明官主陞民得財

三七日見濃者二七日見黃如蠏蟹殼者死五七日見輕者百日見黑氣如水者生如鐵殼發明者生七七日得財喜黑如塵埃者死或遭大破牢獄之災不死旬日內外見輕者五十日內見黑如灰濕者死三七日見輕者六十日見白氣如霜雪者生白如銀彩者生主得財喜六七日見輕者七十日見白如粉者孝服二七日見輕者六十日見白如石灰枯骨者死一年內見重者五七日見青氣暗者主病五十日見輕者六十日見青如柳葉初放者生百日內見財喜青如靛者死百日內見輕者一年外見青色帶藍主憂驚刑耗五十日見輕者一年外見紅赤氣如珠寶光潤者生紅如紅花者生七十日見財喜誕男紅如紫草者生主顯達三年內外俱大吉紅如雲霞財喜顯達四七日見紅如火將炎者死四十日見或主官非口舌不死紅帶烟霧防火盜三七日見輕者百日見

福堂金馬髩顴玉堂印堂之位

黃氣色嫩者生加官進祿庶人進財士人進職秀才連捷或進業添丁六十日內見青暗者死生瘟疫凶亡三七日見輕者七七日見白氣如銀光得財喜或薦書奏章三年內俱喜慶白氣如粉父母孝服旬日內見紅紫氣主升官貴二七日見或生子孫或子孫登科八十日內見赤氣重主官災血刃四七日見青藍黑霧滿面定死百日內見

兩眉頭福堂凌雲紫氣之位

黃光者生得財進喜加官受祿五七日見藍者憂疑七日內見青者主刑尅兄弟官災破敗二七日見黑色者降官失祿破財疾苦百日內見如烟霧者不賣田則賣屋或火盜是非之災五七日見

驛馬弔庭山林道路之位

黃明者利遠行得財七七日見青藍防盜重則死百日內見黑白如枯慘途中防厄不利出行破敗傷身六十日見輕者九十日見如烟霧者牢獄他人事干連官非刑責九九日見枯陷無光者死三七日見

山根光殿精舍月孛太陰太陽龍宮之位

黃氣發現者生主進田宅得橫財遇貴人提攜之喜百日內見黑暗烟霧者官災破財四七日見輕者七七日見白者兄弟六親孝服青者血刃破財口舌是非三旬內見輕者五十日見白枯黑慘帶藍重者死主牢中刑亡神仙難救三七日見

魚尾奸門髮際之位

黃光招妻妾賢德得財已娶者誕男五十日見輕者百日見青色妻妾疾病二七日見輕者五七日見白色妻妾異疾或妻妾死散五七日見輕者六十日見青白黑枯慘者妻妾產死或惡疾七日內見紅紫色潤者妻妾生貴子五七日見微者百日見常暗者妻妾瘋疾不然主妻妾姦淫

天中淚堂年壽二櫝三陰三陽之位

黃色光彩者主得財生子孫或子孫得祿七七日見輕者百日外見臥蠶印堂有紫紅黃光主有陰騭救生戒殺若有胎必產麟兒二七日見輕者百日內見黑青白色主刑杖官災子病破敗變異田產九十日見輕者半年見惟年壽有青氣者生瘡疾黑如雲霧者有宿疾眼睛黑光如點主猪羊瘋疾更年

壽黑慘露骨者主刑死牢獄五七日見輕者七七日見赤重紅虛主破耗官災三七日見

兩顴正面命門眼角之位

黃氣者主廣積財粟豐盈光明命運亨通紅中微紫全家吉慶安康進財六七日見輕者百日外見淡青粉白兼赤氣主骨肉官刑之咎五七日見重者二七日見正面兩顴紅赤如珠如豆如蠶者者犬傷蛇咬口舌瘟疫三七日見如黑白青藍者死五七日見不然刑耗大破

蘭台廷尉準頭法令懸壁之位

黃光者主得財添丁五七日見淡青淡白黑赤色者主官災破財損僕馬黑慘白枯帶青者死俱二七日見

準頭兩顴之位

紅絲者主生子兩顴乍起白殼將黑者主被火焚燒死重者一年內外見輕者三年內見

懸壁邊腮之位

白青枯慘者死不利出入主跌蹼喪身三七日見

地閣地庫兩頤之位

紅黃光彩者主增祿添壽七日見青黑白枯慘者死不然大破刑傷四七日見滿面青藍者死六十日見睛如魚目者死百日內見

人中食祿二倉井竈廚內地閣之位

紅黃光潤者升官進祿庶民發福土木之興百日內見青氣重者死主防毒藥亡身又防水厄不宜出行獨人中溝洫白者主孝服三七日見唇焦黃枯齒黑出血者死三七日見承漿波池鴨口角奴僕頌堂紅黃光潤者主得財祿淡黑白青者主災疾白黑枯慘者死五七日見通衢委巷道路紅黃光潤者主遇貴得財二七日見凡相人生死紅黃光潤者為生氣如青黑慘白枯者為死氣黯如黃雲蓋頂主發魁中元蘭台廷尉紫色發現於面主發會解陞官加職印堂發出紅紫色繞於兩眉富貴加增福堂命門準頭三光明潤陞官發甲金馬玉堂紅黃色焰紫彩發於高廣印頤或入翰林官陞司道督撫紫氣隱於髩內藏於髮中繞於眉外盈於瞳神士奪大魁官陞極品滿面開朗而無塵鬚眉離垢而耀目光形如滿月之明即無紅黃紫彩之現亦能發科升轉色黃如桂花盈於面耀於目不必紅黃兩色士能發解官能升職庶民得財

論九州八卦氣色訣法

雍州在乾方左笑厭下西北角天門之位

黃色光明者官任內加祿庶人得横財白色明淨者利出門遠行宜動不宜靜黑色入此宮欲行不仁之事或陰謀人反以害己碧色現此部主被陰人凌辱遠出且吉紫色者主天神默佑祈禱誠求諸事如意若有缺陷苦累生災子弟招禍

冀州在坎方下唇正北之位

紫色進財及奴僕良馬青色官員陞遷庶人得財黃色家宅不安宜積德修禳碧色君子吉小人凶白

色主陰司之事赤色欲謀陷他人之心黑色主刑危牢獄之災

兗州在艮方右笑下東北之位

黃色正月見之則吉秋見之則憂父母白色爲官加職庶人得財物紫色主婚姻喜慶宜求謀事小人得酒食青色主非橫事相干赤色主因歡樂生口舌碧色主刑獄之災黑色主盜賊脫失

青州在震左顴骨上正東之位

白色宜出入動作必得財喜赤色遇事宜忍耐又主啾唧黃色主旬日內有喪服黑色主兄弟生禍敗家宅不安青色主招禍宜守分碧色主生災害紫色如猪肝主大厄重病僧道不忌

徐州在巽方右眼尾東南之位

青色主陰謀口舌是非赤色求謀事利碧色主生貴子黃色主百事不稱心黑色主大病生災

揚州在離方印堂上正南之位

黃色潤澤大人除拜小人喜慶赤色君子吉小人凶紫色日月角配合紅潤主有大吉祥事青色主離別或刑獄白色惟道術人宜黑色卽生災難碧色主別離妻子甚驗

荊州在坤方右眼尾下西南之位

黃色相接入梁州主有喜慶之事青色主憂心驚疑白色主受人挫辱碧色主災殃立至赤色主盜賊火災黑色主有心腹之疾紫色主有婦女私通之事

梁州在兌方右顴骨之位

黃色主得橫財白色主子孫災難赤色主文字干連是非又主招病黑色官主安隱或晏會飲酒青色主謀他人婦女碧色主謀爲不遂意

豫州在中央梁鼻之位

白色主吉祥黑色主災疾又主家不和碧色主有憂擾之事紫色主喜慶歡樂赤色主煩惱驚心青色主憂驚不安黃色常滿中岳主百事喜慶左右俱有黃光君子吉官小人得財

論六氣四季氣色訣法

六氣者青黃赤白黑紅紫是也凡看氣色在雞鳴之後平旦之前血氣未亂飲食未進神色未離人事未接不洗面漱口凡現於面者自然之氣也以燭光照之察其氣色定其吉凶如不論早晚隨問隨答吉凶多不準也夫氣色發於五臟隱於六腑朝出於面容暮歸於心腹蓋神又別形形又別氣氣又別色如骨是形根目是神苗在內爲氣在外爲色青發於肝黃發於脾黑發於腎赤發於心白發於肺又分青龍白虎朱雀玄武勾陳騰蛇之氣色也若現於本宮爲歸垣即曰正氣不變則吉飛雜侵亂不定則變爲凶青色不正現動於別部主憂驚赤色不正現動於他位主血光口舌白色不正現動於別宮主折傷孝服黑色不正發於四圍冲入正面爲羅網氣晦主牢獄死別生離惟黃色現於諸部應諸部之吉黃色爲胎養之氣故主吉慶福德也氣色有初起淺深之辨有去來浮沉之分有瑩晦盛衰之別青色初起如井中青苔盛時如銅青之暈去時如姜草之色黃色初起如蠶絲吐或如蠶繭盤繞來時如黃牛馬之色去時如桃花班赤色初起如火來盛時如新研硃砂去時如蓮花葉纍纍白色初起如

脂膏抹又如塗粉去時如泥垢也黑色初起形如馬尾又如濕灰色去時如塵污也此生旺死囚之眞法吉凶顯而易見矣

春季青龍得位左顴青色夏宜朱雀當宮額上紅光秋來白虎當權喜發申酉右顴色白冬季玄武得令要旺在本宮頦部黑色勾陳若居戊巳財祿兩旺乃鼻準黃光也騰蛇發來四庫日日增榮乃紅黃明潤也丙丁色要居離位炤坎宮祿享千鐘乃天中映地閣也甲乙兮生申至酉破財受刑乃青色現於左顴也壬癸色若在離宮刑剋受難乃黑氣現於南岳也朱雀作亂日日勞神玄武相刑時時費力青龍現於滿面貧愁度日乃青色現兩顴天倉也鼻準明潤貴財聚積勾陳白虎來金甲家富奴多乃金匱黃白光亮也青龍到命門三陽人離家散乃青色無紅紫也丙丁隱於膜內富貴福祿乃紅光透自外也戊巳起三陽發財生子黃色現眼下水色少金色重方爲有用乃白光沖開黑氣也金色弱土色旺方可成名乃黃深白微也三陽黃光隱隱祿多財足乃紅黃鮮亮也三陰青色亂亂財散人離乃青黑無光也三台火色求名易得乃顴準印紅光也倉庫黃色光華求財如願乃地庫黃帶紫色也邊地喜發白光無不順意準共三陽黃色謀事必成乃鼻準與左眼下黃光也少女血明堆金積玉女子以血氣爲榮婦女旺夫益子麻豆盈倉婦人血氣氣暖士子木橫滿面空費窗下之苦是青色爲寒冷之氣商人水旺天庭枉費風雨之勞小兒火色喜居雙耳將軍泉水宜到眸中問壽元口角鮮明問功名羅計耀光求財祿準明黃旺問經營四庫雙顴色瑩一辨五行根本二觀五色生扶三察神衰血旺再審詳四季部位生生尅尅變化無窮知此者可以言氣色矣

論六氣五行訣法

青龍之氣如祥雲襯日乃帶紫氣非獨青色也
朱雀之氣如晚霞映日乃火也
勾陳之氣如黑風吹雲乃土也
騰蛇之氣如草火將灰乃木也
白身之氣如凝脂塗油乃金也
玄武之氣如朝烟和霧乃水也
夫六氣者青龍大吉其餘各有不利如形骨不入格終足爲其所累如形骨既合格當候氣旺色開然後可定其吉又須觀其淺深濃淡而消息之六氣可得而明也

總論氣色祕訣

夫氣色者皮肉之光澤也色無光不足以爲色人祇知有色不知有氣氣在皮内色在皮外肉者骨之營衞體之基本也色者氣之精粹神之胎息也惟色以有神有氣方爲貴色如雲霞日光秋月連天美色也肉色不應爲氣虛不可取也故神氣色三者不可離也三者有秀有滯秀者發祥滯者多殃何以別乎神得氣色之眞源爲神秀氣得神色之眞源爲氣秀色得神氣之眞源爲色秀神晦而無氣色爲神滯氣昏而無神色爲氣滯色暗而無神氣爲色滯神滯八年氣滯五年色滯三年又有犯金木水火土之滯十年之淹蹇也蓋以面白乾枯爲金滯面青藍晦爲木滯面黑烟霧爲水滯面紅焦赤爲火滯

面黃凝脂為土滯土滯多疾病金滯多貧困木滯多災害水滯多官非火滯多破敗犯此五滯諸事不吉待氣轉色開方亨通也又神有氣色三焰神焰發貴氣焰發富神氣色俱發焰富貴榮耀也若神氣不發惟色鮮豔乃無根氣為虛色不吉祥也

論氣色犯火災訣法

凡人鼻準上紅而犯黑眼包上無有睫毛必犯回祿之災蓋相中犯火災者有五種一曰焦髮赤鬚二曰眉散鬢禿三曰火眼焦聲四曰準頭赤裏帶黑五曰眼圈無睫毛五者皆主犯火災然亦有不犯此五種招此危者何也又有一說其中甚活變或人面上犯十大空亡羊刃破家格內有招火災而準折者有相遭火厄為惡難破家無有栖身之地亦如一也何為十大空亡羊刃敗家格或面色如洗光氣如濛塵鬚亂如草眼珠紅而暴露懸針穿破印堂或天空地削神昏氣味俱主凶刑敗亡或遭火焚破家亦如一也此乃論犯燒房焚產之厄更有犯燒死之慘者亦有相耳如人耳目口鼻之中五竅生烟黑氣冲出乾坎艮震四門起霧不犯天誅鬼滅必遭烈火燒身矣

論行年氣色部位

一二三四五六七左耳金星宜輪廓紅白

凡小兒耳輪靑暗則有病年壽昏黑有疾而亡

八九十十一二三四右耳木星輪廓宜鮮潤

凡童年命官雙耳為主十五前要耳珠紅早發白者淹滯黑者損壽

十五六額連髮際宜紅色明明早有聲名
凡十五火星主運十六天中主運此處宜亮而色潤必主美兆若黑暗少年不利
十七八日月角不宜昏暗最喜黃明
凡額角暗則傷父母明則父母安榮
十九二十二十一天停驛馬輔骨切忌暗而無光
凡此三處連宮宜瑩紅忌昏沉極驗即一世可定若五品以上此三處更可定吉凶
二十二司空額中連少府俱要光明
凡額上部位不宜發青赤發則主災禍憂驚
二十三四邊地郊外忌紅赤為災
凡此位紅輕無礙恐紅重變赤不好青滯不吉
二十五六七塚墓坵陵青暗色不為害赤為災
凡此二部原屬青暗故名為塚墓坵陵青色不妨只忌紅重赤露
二十八印堂兼管十三年事為人一生最關緊要之部位宜紅黃紫彩忌赤暗黑青
凡此部為火宮要紅紫明亮不宜青黑昏暗
二十九三十林木左右取山林部宜秀潤黃明
凡此部髮際要清一沉一濁災立至矣

三十一二三四雙目有彩宜紅紫色明
凡眉內紅色紫彩主有大權柄有白色如珠者主兄弟孝服或尅妻以應之不論文武以羅計明秀暗散以定吉凶爵祿
三十五至四十太陽太陰少陽少陰嫌枯暗低黑喜瑩潤光明
凡此處紅紫爲上光瑩爲中明白爲平青黑暗滯萬事破敗龍宮枯晦命亦不保
四一四二月孛紫炁爲山根怕黑枯忌白如粉
凡此部忌青黑白喜紅明潤管十三年事
四十三四五年壽又疾厄宮忌紅赤青黑紋痕
凡此宮明潤運好無病病人色開卽好
四十六七雙顴少宜火色老要黃明
凡顴部喜紅明黃潤嫌青暗黑滯人生之有權無權俱看此處
四十八九五十準頭井竈只要明潤諸色不宜
凡此部不宜紅重更不宜赤青黑主死暗生災
五十一人中五十二三兩仙庫五四食倉五十五祿倉五十六七法令俱宜明透不宜暗滯
凡仙庫在人中旁平口角再外爲倉名祿倉又再外深紋爲法令皆屬水星忌塵蒙宜明潤若白成點黃入口老少俱不利管十三年事

五十八九歸來虎耳兼奴僕不怕黃暗只怕黑霧
凡此二處最忌青黑赤露喜發黃紅白色
六十水星脣內忌青白黑乾
凡口不拘老幼喜紅潤鮮明爲福爲祿
六十一承漿若黑暗者死白潤者生黃滯者死青色者病奇准甚驗
凡此部五十前後宜紅鮮白潤黑重主投水亡
六十二三地閣地庫如白光一色主家道興隆
凡此部以白爲妙不宜黑暗黃滯爲災
六十四陂池六十五鵝鴨六十六七金縷白如珠玉爲祥
凡子亥二宮宜白有光彩如白粉枯骨卽死
六十八九七十俱在下停宜紅白明潤黑暗卽死
凡此部紅白色好黑黃色不吉
七十一頌堂喜明潤怕乾枯
凡此部舌抵尖着爲頌堂抵不着爲子亥二宮
七十二三至百歲周而復始總而言之喜明怕暗少年以精神定吉凶老年以血氣定榮辱也

論面紋

惟論人之紋關係極大能變乎凶而變乎吉也（水鏡集）額紋之貴賤如額方廣豐隆而有好紋者則爵祿崇高也倘額尖狹缺陷再有惡紋者則貧賤無疑矣（神相全篇）三紋偃上名偃月紋主朝郎三紋偃上一紋直名懸犀紋主節察武臣王字紋主封侯(同上)四邊無紋侵破方准（水鏡集）天中一文下至印堂名天柱紋主卿監印堂上二脈直上寸者名鶴足紋主刺史井字紋主員外郎（神相全篇）印堂貴妻妾主妻妾惡死（麻衣相）十字紋主富吉田字紋主富貴（萬相全法）田文偃上一紋直者名曰懸針紋主節察武臣（水鏡集）女字紋主榮顯達乙字紋京朝之職山字紋主侍從之榮三橫紋繞者主早喪父（神相全篇）短亂者凶長而兩頭垂下者名曰華蓋紋主孤一紋橫而曲者名曰蛇行紋主客道路死巛字紋主憂慮刑死（水鏡集）額上亂紋交差貧苦多災額上大字紋主災殃額上川字橫紋主壽額上微成大字者主忠臣位祿千鍾女子額上有三橫紋妨夫尅子天中直理主損妻兒（神相全篇）天倉橫直紋主破家(柳莊相)印堂井字橫紋主忠孝佐帝王印堂直紋主破相（神相全篇）山根有一橫紋主離祖二根橫紋離六親三根紋白手成家（袁柳莊相）鼻上橫紋尅子交鉤鼻上主盜而奸鼻準紋痕多者心毒懸針紋入印主尅妻山紋額角爲貴八字牛角理紋生高貴牛角小紋入眉早苦老榮眉上雙生鹿角紋主將軍兩角紋眉曲斜者主刑眉上橫紋主尅子眉上亂紋妨妻兒奸門亂理主淫（神相全篇）奸門有十字紋者主打妻魚尾紋

直上天倉白手成家貴（柳莊相）日下豎紋剋子目下橫紋主孤剋子眼上有紋斜上者主刑（神相全篇）額上有紋主大破耗（柳莊）左顴橫紋忽起一紋增一紀二紋增二紀三紋壽至期頤（麻衣相）臉上有紋出者壽（神相全篇）橫紋過面爲之破腮（麻衣相）腮下橫紋主惡死（神相全篇）紋侵海道須防水患（麻衣相）紋理入口主餓死口畔兩縱紋主貧賤入口如擊物者餓死人中亂理子息難地閣縱橫紋主財散（神相全篇）地閣有一處紋主一處田莊二紋主二處田莊（柳莊相）井字陰陽終自縊結喉有紋者自縊餘下無亂紋者吉項上有紋爲項條主有壽（神相全篇）大抵紋有明暗氣有開閉紋裏放光紋外紅黃紫氣盤繞爲陰陽紋現必有大陰德事紋裏黑氣冲出紋外鬱鬱而慘淡不明主損陰騭凶者或成羅網或成交义或成懸針冲破於諸部或勾紋現於年壽皆主凶也美者爲陰騭文或現於三陰三陽或現於玉堂天門或懸針轉脚或帶令地閣朝天紋理如紫如銀之亮明紫皆主吉紋理瑩煖明潤爲生老來無病而長年紋理黑暗乾苦爲休囚無運而壽不永矣（水鏡集）

紋圖

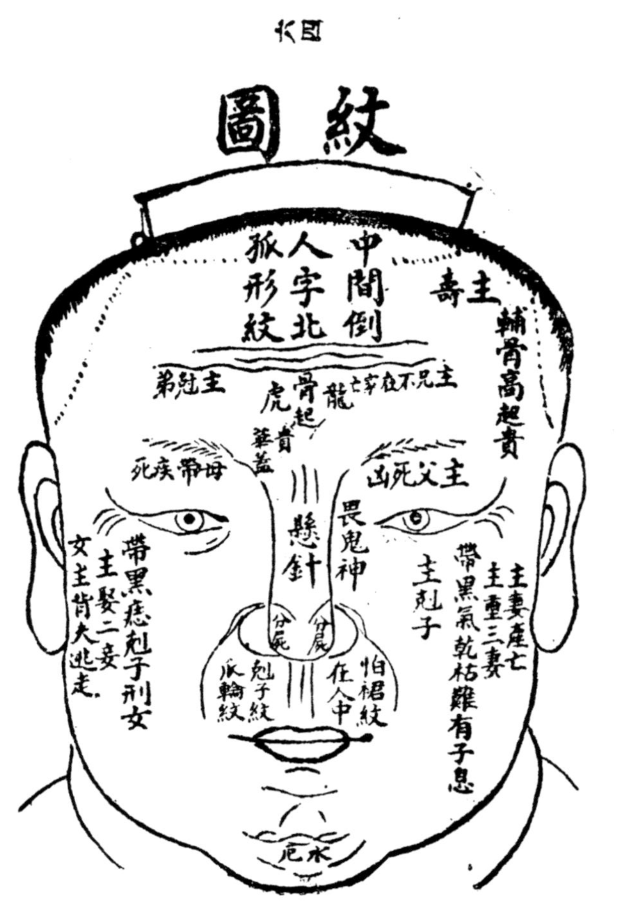

紋圖

坤紋
品官之
祿主廣
聰明
貴妨妻
四十八
主孤
主孤
作事分明
奸詐四面相通主出入通達亨
右間赤絲死水生身
子少
急食多怒
亡
容
饒餓紋
急食
祿
酒
要主壽

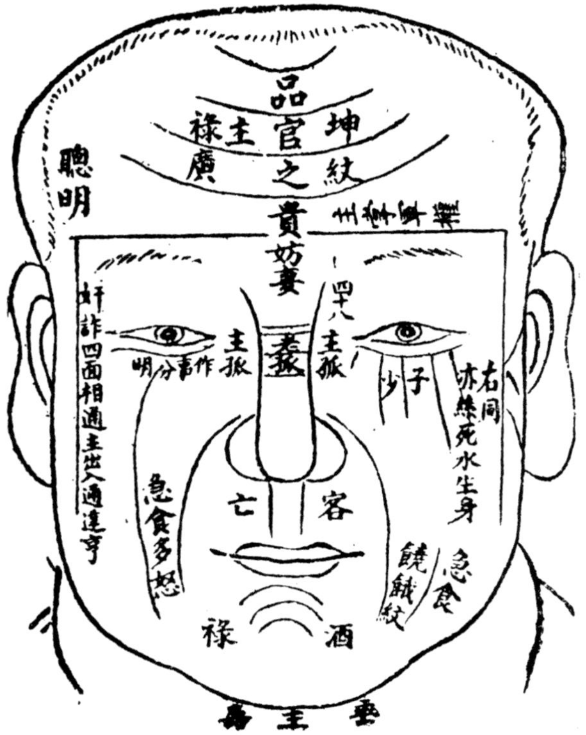

男人女人痣圖

男人痣用○女人痣用●

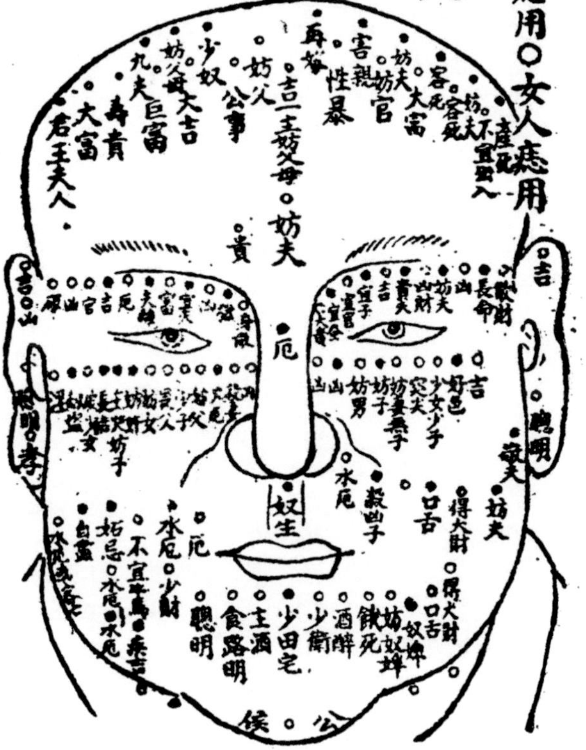

黑子斑點

高者爲痣平者爲點青黃爲斑（柳莊相）凡痣黑要如漆赤要如硃帶赤主口舌鬬競兼白主憂驚刑厄帶黃則主遺忘失脫也生於隱處者多吉生於顯處者多凶（神相全篇）其有大而無色者爲黶或大或小而不起無色者爲之汙黑漆赤硃及碧如玉者主大富貴也不紅不黑者非美器也（水

鏡集）夫人有骨肉瑩白而美便生其痣以彰其美也人之體膚粗黑而濁生其痣以表其賤也（水鏡集）如生於面上者皆大不利如天中生主妨父母（女尅夫天庭主妨母又主井厄司空主妨父母高廣妨二親派眩主作賊山根上主尅害山根下）主兵死年上主貧困壽上妨尅妻鼻側主病苦死鼻頭妨害刀死鼻側主迍邅多滯（神相全篇）準頭有黶陰中有山下生黶左右同梁柱有黶陰背上見時敢道有神功（麻衣相）法令紋中黶子左喪父右喪母人中求婦易又主立身孤口側則財難聚口角職要無唇下多破財舌上主虛言口中主酒食大海主水厄承漿主醉死地閣少田宅女人地閣須憂產左廂主橫失尺陽主客死轉角主兵死邊地主外死輔角主下貧山林主蟲傷虎角主軍亡刧門主箭死青路主客傷亡眉上主客傷亡魚尾主市井亡奸門主刃死天井主水死夫座主喪夫妻位主喪妻長男主尅長子中男主尅中兒少男主尅次子金匱主破敗上墓主無職學堂主無學命門主火厄一主作事終始奴僕主為賊嬰門小使主貧薄支堂主尅妻外宅主無屋奴婢主妨奴坑塹主落崖陂池主溺水墓上主尅亡三陽主謀死盜部主奸竊兩廚主乏食祖宅主移屋家信主破散華蓋主暴亡（神相全篇）耳間黑子常招水驚（柳莊相）黑子之好者如生眉中主福壽近上者尤極貴額上有七黑者主大貴（神相全篇）山林得一痣主得大財（袁柳莊相）太陽主夫婦吉眉中主富貴眼上主吉利印堂當中主貴人主官事耳內主壽耳輪主慧耳珠主財（神相全篇）臍含黑痣名曰含珠主食祿萬鍾（水鏡集）龜頭有痣主壽陰生黑子主貴（神相合篇）倘痣生兩足膝骨者上謂之勞源主奔波兩足底下者謂之寶藏瑩大高起而有毫者主封侯大而不高者發財

左乳上之左右倉主積蓄財谷兩乳中間爲男女宮中生貴男女腸之上下謂之福源主貴好子在臍兩旁爲左右野主小貴（水鏡集）此外又有前賢之畢者如朱夫子左面七痣關夫子額聚七星文一痣王生於四時之中張守珪足底一痣貴爲刺史安祿山左右俱有後果兩處刺史（同上）漢高祖左腿有七十二黑子則見帝王之端相（神相全篇）

去面上凶痣方（經驗良方）

糯米鹵鹹石灰三味等分水調稍頃藥化卽點上痣上數次則去盡如欲速加砒石少許雀卵斑主妻子難爲作事犯重作事愛俱宜女人主傷夫尅子夭壽不吉豆斑者其主亦同然更多奸詐男主尅妻子女亦然（神相全篇）面多斑點恐非老壽之人（神異賦）人白斑黑主聰明好色人白斑黃主愚賤瘦人年少面上身及生斑主促壽肥人有斑主壽土形人宜斑餘俱不宜斑大概少年主夭老年主壽大爲斑小爲點少年點不妨大忌斑老年更甚斑點亦無礙（袁柳莊相）凡人面身上忽然生紅黑斑點數十點者此屬內敗近死之兆也（醫書）

去雀卵斑方（李青巖傳來）

鮮白鶴花蕊中入鉛粉在飯上蒸透每日取鉛粉搽面以壽點去盡爲度

論髮

髮乃血之餘屬心故心血虛者髮先白（神相全篇）肥忌髮少瘦忌髮多髮隨神清肉隨財長

髮濁血亦枯髮秀血亦榮髮落財逐生肉長髮亦落木形髮落卽死（柳莊相）鬚屬腎腎陰虛者鬚先白（醫書）上左右爲祿下地閣爲髯人中爲髭承漿爲鬚邊地上方爲鬍髭（柳莊相）寧可有祿無官莫使有官無祿有祿無官者富而且壽有官無祿者財散人離若官祿雙全乃五福俱全之相也（神相全篇）

髮如山之草木太盛則鬱不淸明所以髮多者不欲短髮少者不欲長短貴靑光細少重宜色潤烏長（水鏡集）總之粗硬而索者性剛而孤氣臭而多者迍滯而賤（麻衣相）際高者性和而緩際低者性愚而夭僻壽必頂後髮高（神相全篇）心蠍因耳邊無鬢侵眉亂額多災厄鬢髮粗疎財食無乾而燥主憂愁至老（水鏡集）髮不倒則背肉參商健兒不禿宰相不濃（神相全篇）雙頂赤髮小兒則主刑喪髮潤鬚滋年老定然福壽（鬼眼相）居仙苑童顏鶴髮無祿壽早白鬚焦（水鏡集）少年髮落難言子少年白髮喪雙親左邊多妨父右邊多妨母此言不過十五歲（柳莊相）髮鬚有黃尾白如羊髯主尅子（同上）髮黃而焦不貧則夭頭小髮長散走他鄉（神相全篇）髮際低而皮膚粗終見愚頑（神異賦）髮際低而幼無父（銀樹歌）卷髮者犯刑好色髮黃者下流之徒（柳莊相）鬢捲螺必有刑傷額髮稀疎然苦尅餓死髮生到耳貧病髮枯面焦（神相全篇）髮黃妨尅色赤多災額亂妨父母亦理主兵亡或長或短老見孤單或亂或橫狡詐之客榮華色紺翠（官職髮淸疎（水鏡集）早自有轉烏爲吉不齊定妻子刑傷（萬全相法）男女髮深皆主愛色女子粗髮尅子刑夫男女中年髮頂落者老來最苦髮生絨毛者男女困窮老不落髮主勞碌老轉黑髮主

壽防尅子刑孫女老不落髮則主大壽也（柳莊相）

髩乃一面之丰采可定人之賢愚也取其黑光紺淸齊厚滋潤最忌黃疎並亂捲鬢深過命門主賢德髮重鬢淸可許翰林鬢淸眉彩榮貴早得眉疎鬢禿老見孤貧鬢重鬚淸一生有福鬢淸鬚重娼優隸卒有顴無鬢諸事少力髮鬢粗重勞苦終身鬢髮紺光欣然得祿（水鏡集）

髭鬚者如山川松柏光彩發生之象也枯暗敗亡之兆也（水鏡集）故少年富貴取眉之淸秀老年福壽取眉之滋潤又云滋潤發福乾燥蹇滯（神相全篇）須兩眉濃疎相配長忌飄搖短忌鎖喉（鬚短鎖喉敗業惡死）多宜淸秀參差爲貴少宜健光有情爲福而瘦鬚長挺秀朝內老臣面扁鬚柔雖淸道士之客（水鏡集）鬚生項下多得外家財產鬚開燕尾老來子息刑傷（柳莊相）不過唇（詳十六空亡見頭部）爲無情鬚鬢拳主貧苦白麻粉面無鬚豈有壽亢太監相婆形（皆無鬚）聲響亦能有子輔鬚先發一世困窮鼻毛接鬚常多晦氣硬如劍者掌兵權形如帚者赴法市重髮無髭不可同侶（水鏡）鬚拂於左（張尙書）多畏夫人（柳莊相）人中少髭一世勞碌（神異賦）鬚淸中無夾雜（無黃白）多爲僧道（神相全篇）承漿無鬚唇再紫定遭水災（柳莊集）柔士性柔赤主孤尅（神相全篇）短髭連口蓬亂東西定主飢寒敗業細而浮飄粗而無紋必然到老俱空（水鏡集）老來鬚落主尅子水形多腎虛土形丹田虧二形多無鬚如有鬚者多形好子木形火旺故無鬚還須有子不可以鬚言人子息恐誤其事（柳莊相）凡鬚黑光明無垢者則發自枯如漿紗者則死乾索晦滯者則凶鬚黃色澤潤紫者則祥乾燥焦黃者不敗也

附良方

眉毛不生（孫氏集效方）

芥菜子半夏等分爲末生薑自然汁調搽眉上數次卽生

烏鬚方（聖濟總錄）

針砂（八兩）米醋侵五日炒略紅色研末五棓子百藥煎沒石子（各二兩）訶黎勒皮（三兩）研末各包先以皂莢水洗髭鬚用米醋打蕎麥麵糊和針砂末敷上荷葉包過一夜次日取去蕎麥麵糊四味敷之一日洗去髭鬚卽黑

烏鬚簡便方

松子肉燈火燒灰研末用指頭搽上卽黑甚驗

拔白換黑（便民圖纂）

七月七日取百合熟搗用新瓷瓶盛之密封挂門上陰乾百日每拔去白者摻之卽生黑者

猴兒上樹法（靜雲齋方）

秋後老大茄子一個蒂旁切下小片挖孔入舊墨水銀各二錢仍以切落茄片掩之晝用席遮夜間受露茄下針刺十餘小孔磁盤承接流下黑水染鬚永不再白勿染肉上恐洗不去也

長鬚方（古今祕苑）

鹿角尖（鎊細二錢）皂角刺（二錢）牙皂（五錢）橄欖（煅灰存性四兩）酸橘子（亦取枝汁）生薑（亦取汁）共二兩四錢以上和勻入磁器內收貯用柳木塞口重湯煮三炷香聽用每日晚間以肥皂水洗之洗淨短鬚上藥擦之天明洗去至四日九日長有尺餘如欲再長則再擦擦時每日食紫衣胡桃一個至二七日食兩個三七日食三個後仿此

蒜髮（未老即生白髮相間雜者爲蒜髮見普濟方）

大乾柿子五個滾煎茅香湯煎令熟相杞子酒浸焙乾研細等分合和搗研丸如梧桐子大每日空心臨臥煎茅香湯下五六十丸附

論毛

歷考諸書俱無毛論然亦有吉凶貴賤之分不可忽也如額生寒毛者幼必損母（銀題歌）又主愚而尅妻女主尅夫（神相全篇）面上無寒毛貧窮逃外鄉（柳莊相）耳內毫毛定是長生之客（神異賦）痣生雙毫必生貴子毫生痣上總主俊豪（俱柳莊）胸上生毛性躁（同上）胸有毫毛必能成家若粗而多反主性暴（水鏡集）胸上生毛性非寬大（神異賦）乳上生毫三根主吉生子貴毛如草亂多者無子背上生毛主勞苦手指生毛者好（柳莊相）股肱無毛主破祖貧窮（銀題歌）腿上無毛子孫不肖（柳莊相）腿上生毛一生不犯官刑如軟長者有福毛硬粗短者亦主官刑（水鏡）足面有毛家必殷實（人倫大賦統）脚上多毛者好柔細者貴而祿粗大者賤而貧

（神相全篇）足生軟毛安樂（柳莊相）身上毛粗王貧窮身上生毛非達器（神相全篇）腹大無毫空名求利（水鏡）臍下穀道俱有毛一生不招陰病不畏鬼神（柳莊）穀道亂毛號作銀秒（神異賦）穀道無毛一世貧窮（神相全篇）陰毛要三七之內生宜黃宜軟主貴如草主賤硬主賤生早夭生遲淫如亂草亦主淫昔呂太后陰毛長八尺黃如金色而拳名爲金線纏陰主極品亦主淫若長若黑乃刑殺之婦雖貴不久（柳莊相）陰上無毛亦主淫賤（西岳先生）陰毛太多者爲膀胱火盛主賤陰毛逆生者主夫婦不相和睦也（神相全篇）

論枕

夫腦之後名曰星臺若有骨者名曰枕骨凡豐起肉稱於骨者富貴低陷孤露者貧賤也故有肉有氣爲骨秀有神有色爲骨靈更得眉隨骨起鬢隨髮青鬚隨神秀名重侯王並保祿壽矣（水鏡集）∘∘∘三骨皆圓者名曰三才枕主使相∴四角各一骨聳起中央亦聳者名曰五嶽枕主封侯∘∘兩骨尖起者爲雙龍骨枕主節樞將軍◎四邊高中央凹者名車軸枕主公侯□□□三骨特起者名曰連光枕小者二千斤大者將相☽一骨彎仰上者名曰偃月枕主卿監◠一骨彎俯下者名曰覆月枕主朝郎◇二骨俯仰者名曰相背枕主文武防團∴上一骨下二骨分排名曰三星枕主兩副制館職□四方骨皆起一骨角者名曰崇方枕主二千石大者台祿○一骨聳起而圓者名曰圓名枕主館殿淸職凸上方下圓者名曰垂露枕主員外郎○○上下圓而有稜似盆者名曰玉樽枕主卿相小者刺史)(背

玉枕圖

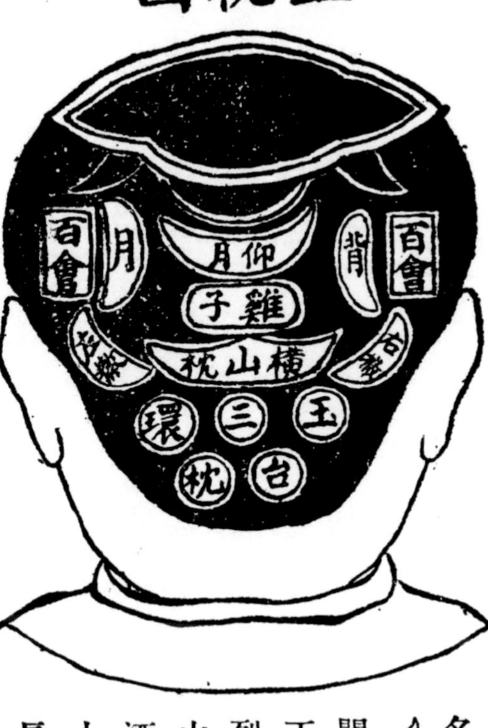

月枕囗一字枕主誠信貴性剛◎回環枕又名率輻枕父祖子皆貴〇左長枕〇左撤枕〇右撤枕皆少貴主壽▽懸鍼枕主孤〇三關枕主一門有數貴。。連枕又名列環枕與玉堂相侵主貴壽性不常○雞子枕主性焦烈多自是山山字枕主誠信貴性剛又名横山一字枕針▽垂針枕又名玉枕主多壽〇酒樽枕主近貴有祿無官上上字枕志高胆大成敗小貴凡有玉枕皆主貴如僧道主壽長即稍有骨枕微起者皆主祿壽婦人有者亦主貴∞腰鼓枕主小貴無定成敗反覆。。。

如珠枕主近貴而不實丁丁字枕主性寛近貴皿三骨直起一骨下横承之者名曰山字枕主聰明富貴壽○口一骨圓一骨方名曰疊山枕主富而榮〇一骨聳起而尖峻者名象牙枕主兵將之權〇骨起分四角者名曰懸計枕主節察五臣〇一骨横截者名曰一陽枕主巨萬高壽大凡枕骨欲得共下者過腦而易辯淺而難驗矣（神相全編）又不宜左凸而右凹右高而左陷上高而下空下聳而上塌此皆主貧賤凶禍孤刑之骨也（右髻道人）

論骨

骨爲主爲形爲君肉爲佐爲客爲臣（神相全編）骨屬陽肉屬陰（洞元經）平和則無災陽勝陰主孤尅陰勝陽多夭折須知骨欲峻而圓不欲橫而粗骨寒而縮非貧卽夭骨聳者天骨露者無主骨軟者或骨肉堅硬者皆主壽而不樂（神相全編）男人骨硬必貧賤女人骨硬必刑夫（柳莊相）骨橫者凶骨輕者貧賤骨俗者愚濁骨上有筋勞苦者骨孤者無親骨親者有福木骨瘦而青黑兩頭粗大主窮厄水骨兩頭尖主富貴火骨兩頭粗主奴賤土骨大皮粗厚主富貴多子此總論渾身之骨也（神相全編）

考頭有七十二骨內最佳者不一類取八骨如伏犀骨日月骨邊地骨福堂骨龍角骨虎頭骨印綬骨金城骨者是也頸頂骨圓而平起者賢天庭骨方潤而監起者貴日月骨角起者神鼻梁骨伏犀骨起者靈顴骨插足者威枕骨隱起者貴壽眉隨骨起者英發頰骨朝起而鬚清髭硬者晚榮旋生頭角骨主晚福或旋生頤骨則主晚年至富也（水鏡集）左目上爲日角右目上爲月角骨日月角起者主大貴日角之左月角之右有骨直起者爲金城骨位至三公齊耳爲將軍骨磽日員爲龍角骨兩溝外爲巨鰲骨額中正兩邊爲龍角骨須陰陽骨肉調勻皆爲上相印堂有骨上至天庭名天柱骨從天庭貫頂名伏犀骨二者主位至三公（神相全篇）伏犀骨起定作元臣（人倫大統賦）然伏犀骨易得而單犀骨最難伏犀從鼻梁貫印單犀從準頭至頂（水鏡集）面上有骨卓起爲顴骨主權勢顴骨

相連入耳名玉梁骨主壽考顴骨入鬢名驛馬骨太陽穴有骨名扶桑骨耳後有骨名曰壽骨低陷骨（貧天耳上有骨名玉樓骨主福壽天中骨起主富貴缺陷無田地天門骨合得四方朋友及弟兄姊妹之力天中骨）起如筋大有稜合主圖師近聖人貴至三品百合骨起邊地之將高聳主大貴命門骨主長壽甲匱骨起女主后妃男爲金吾將相領兵邊上骨起及肉紅潤者主富貴法令骨起爲大理主事少卿管宮弁灶骨起宜田宅地閣骨滿主屋宅地倉骨起主富貴輔閣骨起能文案合爲大尹虎耳骨起大貴承漿骨滿朝天者主富足酒食懸壁骨起及肉滿宜奴僕陷者無燕頷骨起大富貴武庫骨起爲上將房心骨起主國師四殺骨起主節度使左廂骨起祿二千石如骨肉相稱主白衣拜相高廣驛馬骨起主封侯大貴太陽骨起爲御史輔骨起爲侍郎給事中中書舍人如黃色一品之貴邊地骨起爲諫議大夫監察御史天庭骨起紅潤者承相之位額角骨起司徒太保之位父墓女起大貴臁襲子孫戰堂骨起爲驃騎將軍節度副使行軍司馬之位郊外骨起三品卿大貴司空骨起刺史員外郎省舍人之位道中骨起遠州刺史交額骨起官小有壽重眉起主小貴有節行人性不常懸角骨起或肉黃者七十日內主三公卿相天下統師中正骨起司馬令長山林骨起州牧之位虎眉骨起爲將軍龍角骨起主封侯尚書僕射輔犀骨起主封侯伯一品之貴華蓋骨起主富壽福堂骨起主三品兩眉關門骨起合得國師庫藏錢物印堂骨起合主大印綬一品太保司徒之位司空骨起至式枕者三品下四品正中骨起至玉枕者（二品下三品山根骨起如釵股上有稜似刀背者至枕或如月樣明潤異者爲大將軍之位天旋骨起至枕者四品下五品天中骨起至枕者五品下六品伏犀骨起至枕

者六品下七品坤山骨起至枕者七品下八品鳳池骨起至枕者八品下九品華蓋骨起至枕者九品下雜流此等之骨皆似稜利以手捫之覺隱隱然似刀背均主富貴玉枕骨起方三寸有像似十九般骨節如刀背者爲上若雞子橫縱似月仰月覆月背月玉環等様主壽異常女人有者吉骨氣似有似無見如諸部如釵股之様起主大貴伏犀骨如小指半大有稜如線位極上品骨如指者爲名僧骨有稜如角大指者上將軍此名伏犀骨玉骨枕各有取焉面部隱隱骨起然不出十年爲方面肉色俱好五年之內陞遷也（神相全編）其有天庭骨隆起枕骨連肉起頂骨平起日月骨角起太陽骨線起眉稜骨起鼻骨伏起懸鼓骨連準方起顴骨插起牛角骨竪起皆主大貴所以有五官不正而富貴者必有神骨鎮之矣又曰頭無惡骨非也如有奇貴而無奇神相應者卽壽長不孤或貧賤矣又有頭額骨凸腦後骨高常受孤苦者必是骨路無神也更有頂骨尖起者貧天庭骨聳出者剋日月骨陷露者刑腦骨插露者凶鼻骨橫出者惡兩倉骨陷出者貧眉骨露而無眉無肉者剋妻尅子總之骨取豐而起皮取厚而潤骨肉平和者俊更加神氣來助便爲秀骨勝而少氣者爲弱肉勝而少骨者爲虛是以一生福壽惟取頭骨可封也（水鏡集）頭骨已明宜詳手足手骨宜重重者福重輕則福輕淸受淸福濁受濁福骨多肉少有福無祿肉多骨少有祿無福骨肉相稱雙全福祿掌喜有骨骨露則寒寒主貧手若骨露六親無力凡有獨骨者老必凶亡（神相全編）手後曲處骨出者謂之破財骨（柳莊相）腕無孤骨主官榮（玉掌記）自臂至肘爲龍骨象君欲長而大自肘至腕名虎骨象臣欲短而小（水鏡集）腳骨節強妨非一兩又主辛苦也（神相全編）

高味卿曰人以和氣忍耐爲主不可因一時之氣舉手鬬毆蓋一身之中有致命者幾處卽傷於不致命處亦多枝節耗財其骨圖及一身骨之致命幾處者余著內景類編詳在其內今坊中有洗冤錄亦有論及此者惜乎未全耳

論肉

肉肉屬土生血而藏骨豐不欲有餘有餘則陰勝於陽瘦不欲不足不足則陽勝於陰所以瘦者不欲露骨肥者不欲露肉骨與肉要相稱氣與血要相應若陰陽一勝卽一偏之道也肉喜堅而實直而聳更欲香而軟色欲白而潤皮欲細而滑皆美質也若色昏而枯皮黑而臭麤多佳塊非好相也（神相全編）瘦有精神終必達（金鎖賦）瘦人髮黃主貪奸肥人面赤主性惡蛇皮主破家天寒沙皮多起家初年不妙（柳莊相）肉緊皮粗急如繃鼓者主夭暴肥氣喘速死之期（神相全編）二十之上肥主死（麻衣金鎖賦）肉橫主性剛而暴肉緩主懦弱怕人肉紋路漏主近死（神相全編）凡生肉先從腰上生爲有用胸上面上生非好相也（柳莊相）若夫神不稱枝幹筋不束骨肉不居體皮不包骨皆速死之應也次究手肉宜多肉多食祿多肉少食祿少肉肥促急軟而有骨食祿巳定死期至矣（神相全編）

論聲

金聲和潤主富木聲高唱水聲員急火聲焦烈土聲深厚如在甕中聲輕者斷事無能聲破者作事無成聲濁者謀運不發聲低者鹵鈍無文清吟如澗中流水者極貴發聲溜亮自覺如甕中之響者主五福全備之人也（神相全編水鏡集）

聲音清而員堅而亮緩而烈急而和長而有力勇而有節大如洪鐘勝韻鼉鼓振音小如玉水流鳴琴微奏曲見其色猝而後動與其言久而後應皆貴人之相也故貴人之聲多出於丹田之中丹田者聲之根也舌端者聲之表也小人之言由舌而出如急而嘶啞而濕深而滯淺而燥太大則散散則破或輕重不勻嘹喨無節或如破鑼破鼓之響或如犬羊之鳴皆淺薄之相也男有女聲主尅子貧賤女有男聲主尅子貧賤女有男聲女聲急切妨夫人絕男人開聲無韻主貧女人開聲無韻主賤乾濕不齊謂之羅網聲大小不勻謂之雌雄聲或先遲後急或先急後遲或聲未止而氣先絕或心未舉而色先舉皆大賤之相也身大聲小者凶自言自語主招鬼迷壽夭（神相全編）忽然聲燥主重疾乾韻主死（柳莊相）

論手

掌爲虎指爲龍只有龍呑虎不可虎呑龍龍骨欲長虎骨欲短（水鏡集）四指爲賓中指爲主賓主相濟爲美二指長平生近貴四指長小人不足性不耐煩（神相全編）小指長者貴得奇福（水鏡集）五指長過節三分如骨圓者功名可得（陳拒香云）指尖長主文學貴顯（玉

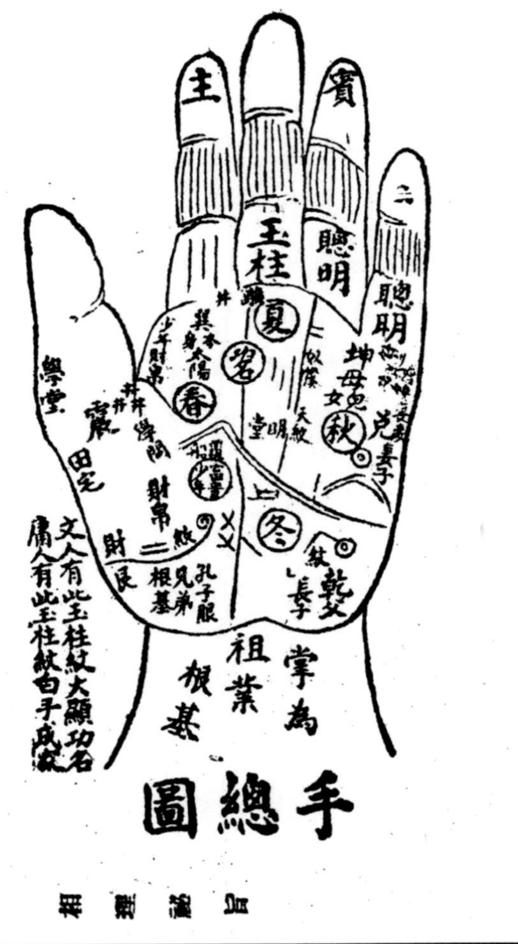
主
玉柱
賓
聽明
聽明
夏
春
秋
冬
坤
兌
乾
震
學堂
田宅
財帛
財
艮
孔子眼
兄弟
根基
子
父
長
母
妻
女
文人有此玉柱紋大顯功名
庸人有此玉柱紋白手成家
掌為
祖業
根基

手總圖

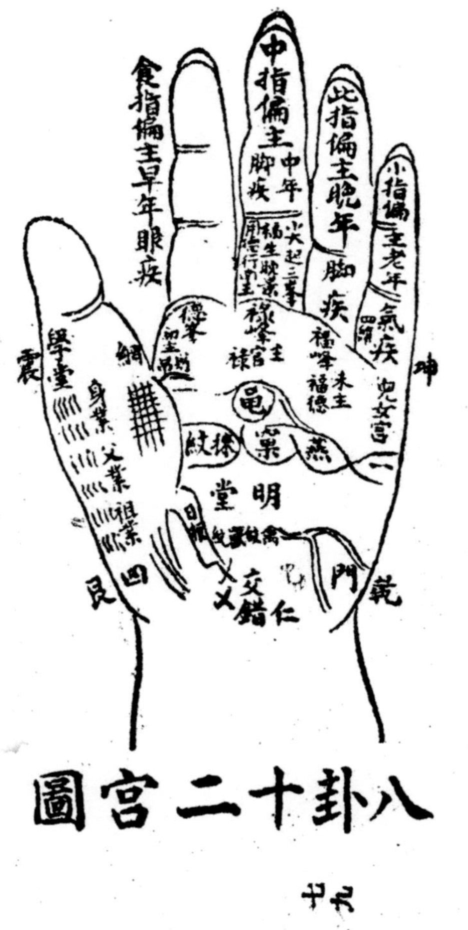
食指偏主早年眼疾
中指偏主中年脚疾
比指偏主晚年脚疾
小指偏主老年氣疾
坤
兒女宮
震
學堂
身業
父業
祖業
明
堂
紋
燕
艮
四
交
錯
仁
門
乾

八卦十二宮圖

掌記）掌長指短或指長紋橫紋多主曙惹人嫌少年難養五指斬傷或病損亦有所主如大指破祖二指尅父三指尅母四指妨妻五指刑子大指駢母亦主苦疾（神相全編）生六指者主尅父一生不得榮顯下賤之相也（袁柳莊）齒殘指甲心緒多（神相全編）四肢乾一年主死四肢潤一年主富（柳莊相）骨重定主高明紋奇但掌小爵浮筋露骨身樂心憂腫節疾風神昏意慚指生兩節死在路途（俱玉掌記）手大身小者福祿手小身大者清貧（麻衣相）身大手小難聚貲財身小手大一生下愚（柳莊相）手大指小浮蕩破財（玉掌記）手垂過膝蓋世英雄（水鏡集）手不過腰一生貧賤纖長性慈而好施短厚性鄙而好取（麻衣相）端厚者富薄削者貧圓硬者愚方軟者福長厚者貴短薄者賤（神相全編）軟細者清貴軟滑如錦囊者至富手滑如苔者福壽皮連如鵝足者至貴指纖而長者俊秀（麻衣相）指柔而密者積蓄指如春筍者清貴（水鏡集）手直如筍者福壽（神相全編）如剝葱者食祿（水鏡集）香暖者食華潤澤者富貴（神相全編）掌平手薄者主賤（玉掌記）乾枯者貧躬臭汚者濁下粗硬者下賤硬如雞足無智而貧（神相全編）指破而疎者破敗指如鼓槌者愚頑如竹節者貧賤（水鏡集）手指或足指如蛇頭鶏嘴鷙嘴主奸猾孤獨女主刑父母（柳莊相）掘強如猪蹄者愚鹵而賤指短而突者愚賤（神相全編）掌細面寬榮辱難幸不免節如雞卵一生多得橫財（玉掌記）細如噴血者榮貴（神相全編）錦紋噀血貲財百萬（玉掌記）如噴火主衣祿黃如拂土者至賤掌中生黃家有死亡青色者貧苦掌中生青多是非色白主寒

賤白如玉貴掌白面如起家成立人瘦掌漏人肥掌厚人大掌大人小掌小人清掌淸人粗掌粗面大掌大人粗掌軟掌若軟厚紅潤淸秀細勻明朗主富貴聰明掌心黑子智而富黑子手裏多婦少兒掌似燕巢萬頃富饒掌有堆峯主福厚掌通四起容止君子掌中四畔生橫理者愚而貧四畔豐起而中窪者富有四畔肉薄而中正者散財掌四方厚中央薄兼有深法益仕宦財旺安樂手有仰羊行不裝糧十指上紋橫三鈎者貴使奴婢十指上紋橫一鈎者賤被驅使手有三的約必使奴僕一約爲奴走脚或作客又主貧十指三約並通財食無窮冷如黃水平生多夢陰人煖色如丹到老少逢疾苦高張華蓋平生智出於衆人尖起三峯限數福生於晚景掌軟如棉主文武雙全也（神相全編）然論掌祕法最要緊者重在五行合格不合格者爲主限中論指頭修長紋秀者實殊不知不知土形人取在員厚重實也如指掌細長者不合局也相中取指掌肉圓充足者吉殊不知水形人取作紋脈修長瑩瘦者合格如指大而掌重實者又爲不稱之水形即有好處亦不能至大富貴也論金形人取指掌端方水形人取指掌圓滿火形人取指尖紅活土形人取指掌厚重木形人取細瘦紋秀反此者皆爲不相稱之局也有等身浮大面圓滿者爲水形手薄細而指尖長者又爲不稱水局有等身瘦長面細秀者爲水形手厚重者而指粗大者又爲水局之不合格也（鬼谷先生論）土形人不忌掌之粗厚而無紋者此必眉目英發但貴而主多勞也所以手粗紋粗者亦有貴木形人合木形木局但嫌眉目不秀未得貴雖居白衣亦主安閑之福也所以手之紋細紋秀者亦有俗（照膽經）總之觀手之法必要分五形之肥瘦

短長合松而細察眉目聲氣之清濁然後定貴賤者無漏矣（水鏡集）

手忌無紋有紋者爲上相（水鏡集）有掌有紋繁華一世紋大性小有事高升（神相全編）有紋無掌晚年衣祿無欠有掌無紋早歲資財失散（玉掌記）紋細而深者吉紋粗而淺者賤（水鏡集）心虛者其紋必顯心昧者其理不明然有掌平心平紋正心直紋橫性橫紋淺機淺紋深機深紋多心緒多紋少機關少紋小見小紋大見大紋生斷續易勤易懶紋曲主不忠不直事難成直聳長紋性聰明隱紋作事不顯難知浮紋主輕浮好高事多難成聚紋交鎖心邪多學少成勞碌人嫌紋散主失散作事不就吉凶未應起自下而向上作事有成無廢吉凶皆應起自高而向下作事性快不成沈滯少通（神相全編）今者掌內三紋上畫應天象君象君象父定其貴賤也中畫應人象賢象愚辨其貧富也下畫應地象臣子母主其壽夭也三紋瑩淨無紋破者福祿縱理多者性亂而災橫理多者性惡多賤（水鏡集）手有總理紋者主三公手有橫理紋者主殺害（神相全編）豎理直貫上直百謀多聚亂理散出縫指諸事破散紋細亂絲者聰明美貌（水鏡集）紋粗如櫟木者愚頑貧賤紋如亂剉一世貧苦手紋亂剉合有福祿紋如散糠一身快樂也（神相全編）其有》結魚紋◎日羅紋交雙魚紋圭玉堦紋井金井紋川飛針紋巛雁陣紋◜偃月紋◎雲環紋⁘南星紋於中宮⁘北斗立於正位⺦禽獸形⺦或作龜紋巳上此等異紋爲貴相九羅生於八卦定爲列雲侯一路二路穿過三節乃是歸朝宰相離宮五井藕必爲一品之官掌心印紋口定主諸侯之位（玉掌記）ⅹⅹⅹ此紋朝三指上者平生快樂風流巛此紋在坎宮似柳絮絲者積代簪纓富貴✕此紋合主聰明又爲顯官×此名

交在兩指下主兩處根基假子與家異姓同居人此兩條紋合主聰明在掌內紋爲華蓋星此紋似生魚平生手足弟兄和美若魚尾貫指須富卌雙井𦋹三井富貴凡井紋者多富十此爲一字主手中貫出天庭者大發幷主有權有此爲金印紋在明堂方正明白者少年登科土此厶玉堦紋堂中在主有科名品此爲穿錢紋主富貴田此爲棋盤紋心本無事愁緒萬端⊠交紋印厶象眼印△三角印手手字印女女字印凡印不拘手中步位爲人有信自小無非橫之災一生不畏鬼神近高有權柄丨此冲爲天紋在掌中中爲天柱主壽穿過離宮直過指節主富貴此宮名天一貴宮離爲官星貴宮坤爲福壽貴宮五指俱穿爲五福俱備過初中末限有此紋不流出者主此限發福隨掌高低斷之一斷一續主一成一敗井此爲斷紋在右手爲把刀紋不利母左手爲執劍紋不利父俗云左斷右不斷骨肉損一半兩手一切斷兄弟不相見0此是眼紋在大指名夫子眼主聰明在坤宮爲佛眼主孤尅在掌中爲道眼主性靈◎此爲金棱紋主得陰人力△爲三角眼在坎宮爲鼠眼主好偷盜女此爲花柳眼好淫洽在坤宮爲流淚眼在第二指爲青眼近貴在巽爲貫索眼主發財人此爲蓮花紋在掌中爲合堂蓮花作僧道◇此爲棺材紋逐年旋生在艮主官非有紋乃自凸起生不全者無妨生全者不問前後其年生其年死一片淹滯災撓三片孝服三片重重災事四片死在旦夕如艮宮掌中黑死期近矣古人云艮上不宜鋪白板掌中曾認宿烏鴉坎宮黑者落水死震宮黑者被雷傷兌宮黑脈過艮主虎傷巽宮黑脈過乾主蛇傷離宮黑脈過坎主見災（神相全編）五常紋見投水自縊結喉紋如覆舩⌓溺水而死鞭節亂紋而決徙遠方羅網四門而投身健卒（玉掌記）半此名繩紋在明堂者主自縊

◎此爲盤旋紋主自縊如無紋乃黑脈也兌棺材紋有黑脈相冲謂之催死殺必死若有黑紋自立身紋起穿直二指上節爲黑氣冲天性命過關縱無棺材亦凶。三點相連大好更有成字異相。三女虎井　用壬手田頭化武友。凡手中成一字終身受用不盡生在身命宮上自身主貴生在父母宮上父母貴生在子宮上子孫貴生在妻位上妻貴生在兄弟位上兄弟貴但要紋理方正⊘⊘忬斷頭紋紋橫屍紋刀刀字紋丁丁字紋幵柳梢紋×　夜×紋士士字紋火火字紋巛產死紋乃乃字紋血妬妻紋巳上犯手中犯一字大凶若是甲破而黃手斜而曲骨粗而毛旋逆角紋橫直指者曰廢疾主徒紋刺字軍役自殺自形十五種凶亡數內有紅潤色及有陰德華蓋紋可折一半≫華蓋紋主聽明（神相全編）有寶錢紋者主進貨財有端笏紋插笏紋者文官朝列有龜紋者將相有魚紋者郎官有偃月紋車輪紋者吉慶有陰隲紋延壽紋者福祿有田紋者富有十字紋祿有五策紋上貫指者名光萬國有按劍紋加權印者領軍四海凡紋好兼　破者皆爲缺陷無成（同上）總之高低之人俱有者惟三才紋在於腹中胎氣成形自上至下第一紋居火爲天紋主根基第二紋居土爲地紋主財祿第三紋居明堂爲人紋主福德於三限中取三限上紋若三限上無紋於壽紋上取壽紋壽紋上無紋三才上取三才紋更與面參之庶得其眞矣（同上）然掌有八卦亦要推詳乾宮高聳生長子之權豪坎位高堆受前人之庇蔭艮宮尅陷損子父於初年震上高朝置田宅於一世巽宮散亂多爲游蕩之流離位突高必作功名之士坤宮帶破招兒女以凋零兌位有傷定夫婦之鰥寡（玉掌記）細究乾宮爲天門爲父居戌亥屬金濃肥者子貴爲海門坎爲杸基居子丑屬水肥濃者主貴如低陷中紋冲防水厄倘坎宮有紋如絲享見成鐵基設或紋開三股主三處住場不然離祖斷續者承接他人根基若紋自坎宮不斷直上自手根而起平地發福白手成家艮爲田宅爲墳墓居丑寅屬土有飛針少兄弟卽有亦有分離若艮宮生一紋直上者受祖考之福蔭震爲妻妾爲立身居卯屬木低陷者尅妻若震宮有紋主招性急多口之妻不然有疾能主家旺財物女人震宮高厚軟而紅潤有穿錢劍印紋主奪男子權柄必發大福低陷紋流不可主財仍主刑夫尅子難爲骨肉巽爲財帛爲祿馬居辰己屬木低陷者紋破主貧苦高峯者財旺初年發福若離宮有井紋名關鎖或印第三大紋不出指者主性慳吝可主財離爲龍虎爲官祿居午不宜屬火破限一峯高大主高官重祿中顯達坤爲福德爲父母居未申屬土陷而亂紋尅兒女損母一峯峻者有福德終吉如坤官有十字紋者平生得橫財陰貴扶助坤兌宮有女字可得陰人助物掌中有女字端正因女成家兌爲奴婢爲子息居酉屬金低陷紋破主子僕壽短掌中央爲明堂五黃之宮主目下之吉凶（神相全編）巽爲初主離爲中主坤爲末主各二十五年看何官豐滿財則旺若缺陷則有成敗掌內分四時之氣春潤夏溫秋淸冬燥得其正必淸高設夏燥冬溫必貧賤愚疵也（同上）掌有紫色眼下亦有之必須同參青主驚憂赤足官事白主孝服黑主病厄黃主喜慶青應（正五九月寅午戌日黃應二六十月亥卯未日黑應三七十一月申子辰日白應八十二三月己酉丑日）黃應三六九十二月辰戌丑未日色淡事已過色濃事未來黑色者看起何部若田宅部上起則因田宅爲訟其餘以意推之再攷手背之紋五者皆近於上兩節謂之龍紋主爲天子之師下節爲公侯中節爲使相無名指者主卿監小指者小朝郎大指者主巨

富手背五指背有橫紋旋繞者主封侯生立理貫者主拜將相手背食指之本亦謂之明堂有異紋黑子者主財藝高貴若成飛禽字體者爲淸顯之貴大指本有橫紋者爲之空谷紋至裕無所不納主大富有繞腕紋周旋不斷者謂之玉釧紋主人敬愛一紋二紋者主朝慕之榮三紋仰上者主翰苑之貴男女皆同其紋雖得周匝若斷絕不匝乃取證無驗矣（萬金相）手背筋露者堅爲人辛勤筋藏肉積直實多財（五總龜）背黑掌白者富背白掌黑者貧一般色斯爲上相肉厚一寸家積千金（神相全編）人長手背短一生不成器也（柳莊相）次論指甲屬筋之餘（內經相）志之主（諸相書）乃肝所出膽所附也（神相全編）堅而大者志高膽大（麻衣相）堅而厚者老壽無疆（水鏡集）甲堅心高多貧賤（柳莊相）硬則性剛而作事風火（五種龜）粗者愚鈍（神相全編）甲厚者壽算延長（玉掌記）短而軟者志弱膽小（萬金相）甲軟者臨事懶惰立身窮蹇多學少成有始無終（神相全編）甲薄者命年短促（麻衣相）甲尖者小智（神相全編）甲破者（卽碎裂）無成（玉掌記）纖而長者聰明（神相全編）甲朝外者主孤（柳莊相）缺而落者病弱（一主刑尅）指甲皮乾肉枯主命孤而夭（玉掌記）甲指潤則財穀豐色（同上）色黃瑩者貴色黑而薄者賤色靑而瑩者忠良之性色白而淨閑逸之情甲如觚元必作大富（神相全編）甲如銅瓦脫洒心神（玉掌記）又云如銅瓦者伎巧如銅葉者華榮如半月者快樂（神相全編）似瓜皮者沈昏神氣（玉掌記）如板尾者惇重如鋒尖者聰俊如皺色者則主愚下也（神相全編）

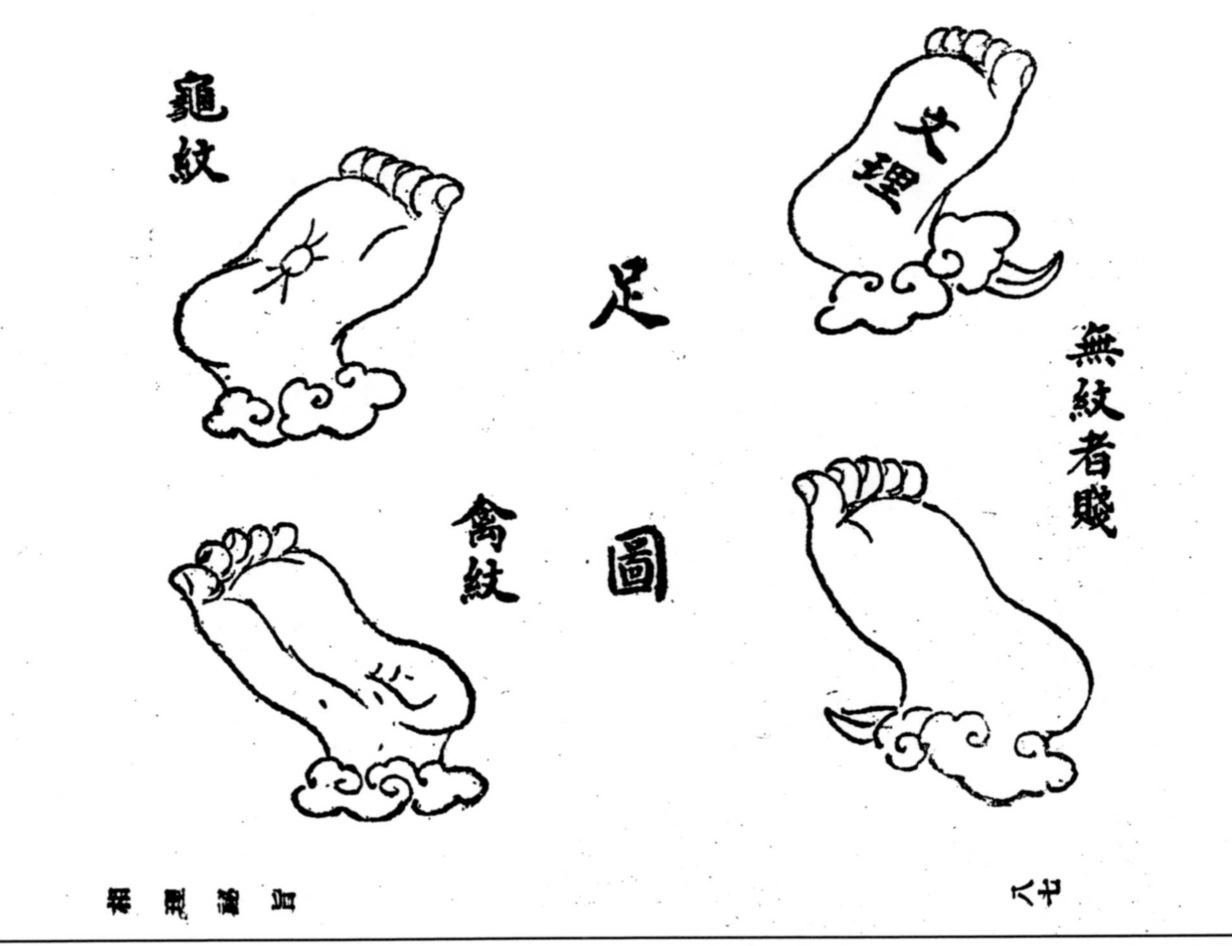
足圖
龜紋
文理
禽紋
無紋者賤

論足

足欲方而廣正而長膩而軟富貴之相也不欲側而橫薄而短粗而硬乃貧賤之相也小而厚主富大而薄主賤厚而橫主貧故足厚四方者巨萬之富也厚四寸者大祿身榮厚而正主閑樂官榮足下有黑子者食祿脚下成跟者福及子孫（神相全編）脚跟不著地賣盡田園而走他鄉（神異賦）脚根削小主後代不好若血紅潤稍可男子鴨脚愚下之輩女人鴨脚娕婆之徒脚下貧如板者貧愚（袁柳莊相）脚下可容龜者富貴一主三公封侯（神相全編）足指纖長者忠良貴顯足底端齊者豪邁之資（水鏡集）足薄指長沒兒郎（神相全編）獨中指長客死他鄉足指短足心陷足多骨三者俱主貧賤（柳莊相）足排三指兩省之權足下三痣九州之權（水鏡集）脚心黑紫祿至二千石通心達理三公刺史之位脚下理長位至公王脚下旋紋令譽千里（神相全編）足下有紋大旺子孫無紋理者下賤脚下有龜理紋主一世清明（水鏡明集）一主二千石祿位（神相全編）脚下三紋主王公將相（同上）足下禽紋主八位之職足下五指有策紋上達者兩府使相足下有十字一策紋上達者六曹侍郎足下有紋如錦繡者食祿萬鍾足下有紋如花樹者積財無數足有紋如翦刀者藏鏹巨萬足下有紋如人形者貴壓千官有三策紋者福而祿有螺紋者富而貴兩小指皆有謂之十羅紋主性鄙悋十指皆無紋者主破敗矣（麻衣相）總之足底之紋宜直不宜橫宜雙不宜交亂如亂多刑子孫亦遲也（柳莊相）

論頸項

肥人項欲短瘦人項欲長反此者貧夭（水鏡集）富者必豐圓堅實貴者必光潤丕隆項後豐起者富項後有皮如絛者長壽短方主福祿細長主貧賤頸梟而斜主弱苦曲如蛇頸毒而貧（神相全編）頸斑不潔多滯項不勝頭貧夭頸勢前臨者性和而吉頸勢偃後者性弱而凶（水鏡集）有頭無項三十前亡瘦人項短三十難逃肥人項短四九難過項圓頭小頭偏頭削主一生不成事如項再不圓主少年死項皮乾枯少年窮老年死項下起骨節者主夭又主外家破耗（袁柳莊相）頸有鎖喉鬚者凶亡（水鏡集）項內髮肉拳螺者主大發財項肉髮肉如堆者主招凶項上生背肉如堆項後髮腳處生高肉如堆眼深髮黃三者俱主犯人命（柳莊相）項有結喉者貧滯多災瘦人結喉主迍邅肥人結喉招橫禍（水鏡集）肥人結喉浪死他州（柳莊相）結喉露齒骨肉分離（神異賦）婦人主無子尅夫（神相全編）男女結喉皆主惡夢也（柳莊相）

論肩背

肩要平厚背喜潤長肩闊面方諸事亨通肩闊臂尖老無結果鳶肩者騰達必速平滿者名播四方坍肩者諸事不成肩寒者身無居止左肩高白手大富右肩高大貧大苦（水鏡集）男子無肩到老貧苦女子無肩至老榮昌（識人賦）肩闊平豐主多福豐厚突起福旺子多背骨隆起如伏龜狀者二

千石祿方長主有智福圓厚如團扇者貴如三甲者貴壽（神相全編）背如有負者大貴（袁天罡）前見似仰而後見似俯而前者不貴卽富背若狹偏陷主貧災斜薄窪下主貧寒孤獨偃短主無識而淺（神相全編）胸凸背凹不窮則夭也（水鏡集）

論腰臀

腰宜端直闊厚乃主福祿綿綿倘若狹薄陷偏必是卑賤之相是以短薄則多成多敗長廣則福祿無窮直厚富貴薄細貧賤凹陷主窮裊曲貪色腰腰兩全福壽俱全（神相全編）臀皮焦黑恐妨死病腰生疊肉發財近年（老祖）有背無腰初發平平有腰無背初困後亨（水鏡集）但於橫發多憂疑也（神相全編）臀要平圓若臀高腰陷早貧後亨腰高臀陷初亨後貧少無年臀凡事難成老來無臀妻子俱刑肥人無臀有妻無子瘦人無臀多學少成體長無臀老無結果臀開腹大諸事可成身短無臀難言發達女若臀仄必爲賤人（水鏡集）胸露臀高乃家業散而壽源少也（太九眞人書）

論胸乳心

胸欲平長闊厚主有智高福祿平闊如底主英豪胸闊而長財易積又曰主得公王胸狹而長謀難成骨肉平勻智且仁若突短狹薄主貧胸能覆身富貴胸短於面貧賤突然而成愚下窪然而起貧窮狹

窄如堆者頑鈍骨起如柴者貧苦凹落如槽者窮毒骨肉高低者愚很胸中黑子者爲兵萬里男昂昂則愚女昂則淫（神相全編）乳欲闊黑垂墜忌狹白細狹闊尺二者至貴一尺者一貴乳頭大者賢而多子小者無子而弱（同上）乳破小子息難成白不起難言子息（柳莊相）白而黃者主賤之嗣（神相全編）乳頭不黑孤貧（西岳先生）乳頭曲者難養兒乳頭狹者易貧賤細如縣針者無財頭仰者子如玉頭低者兒如泥頭壯大方福壽兒貴紫如爛椹者貴而多子（神相全編）薄而無肉衣食不足實而有肉財帛豐隆乳頭生毛多藏見解乳頭黑子必生貴子（水鏡集）心欲寬平薄厚不欲坑陷窄狹寬薄智慮深兼平潤者榮祿窄狹愚知淺坑陷偏側貧弱天心頭生毛其性剛豪心頭凹骨其性貪酷善則福生惡則禍纏（神相全編）

論腹臍

腹欲圓長厚堅勢欲垂下皮欲厚濇故腹圓向下者富貴長壽（神相全篇）小而下大者家中大富大垂下者有名（許負）腹墜而垂智合天機腹近上者主愚賤腹上而短飯不滿碗腹如抱兒四方聞知皮厚者少病而貴皮薄者多病而賤（神相全篇）腹有三甲背有三壬主大富（許負）腰腹起一筋橫主貴直主貧赤爲青青爲次男女皆同（柳莊相）臍深闊者智而有福向上亦主福智（神相全篇）高者無限量大能容李名播四海（水鏡集）臍深而腰偏者多有邪淫（柳莊相）淺窄者愚向下者貧愚低者思慮遠凸而出淺而小非善之相（神相全篇）又云腹臍突出壽命早卒

（許負）男人臍淺豈無衣祿女子臍淺決不生子所以婦人有臍深一分者主得子深半分者主得五子大方好小亦難留如內有毫生子必秀而美也（柳莊相）

論腿膝

腿膝如柴老無結果腿大膝小半生官訟膝尖腿小為鶴膝主下賤膝小無骨主早亡膝上生筋一世奔走膝員如斗一世平安（水鏡集）

論大小二便

穀道隱而方者貴細而方者亦貴（水鏡集）穀道宜藏靈主貧賤而夭方主武職偏主文貴（柳莊相）獨臀肛者貴（水鏡集）大便遲緩者富貴大便速者賤（神相全篇）龜頭宜小白堅者主妻賢子秀龜頭小秀者得好賢郎大長黑弱主賤大者招凶人（柳莊相）陰頭縮者貴陰莖聳出者賤小便直下如篙攢者賤（神相全篇）龜頭偏者主子賢龜頭色黑者子早色白者子遲（柳莊相）小便散雨如者貴水道寬圓者賤（水鏡集）小便散珠者貴（神相全篇）囊宜黑紋細實為貴不宜下墜火暖生貴子如水冷主子少如無紋乃主絕嗣也（袁柳莊相）

論行

龍行虎步至貴鵝行鴨步豪富鶴行聽明（鶴行水鏡集則主公卿）鼠行多疑牛行巨富蛇行性毒天雀行食不足鵲行孤獨龜行壽相（神相全篇）又主聰明（許負）馬行辛苦鹿行亦然（許負）

貴人之行如水流下而體本不搖小人之行如火炎上身輕脚重行不欲昂首而脚不欲側身不欲折脚高則亢太卑則曲太急則恭太緩則遲周旋不失其節進退各中其度者至貴也脚忌折頭忌低發足欲折身欲直起步欲闊俯然不往不凝滯者定貴相也脚根不至地主貧而夭發足如奔散走他鄉行步沉重榮貴行步輕驟貧賤行步趨越聰明行步跳躍孤獨行不低昂富貴（神相全篇）行步即喚回頭左轉有官職右轉無官無衣食（許負）立定先舉左足行者貴右足者賤凡行步低頭多思慮自言自語主貧賤行時一跬步而一俯一抑者主賤（同上）行以龍騰此相超羣胆志（呂純陽）狽行虎吻機深心事難明（神異賦）頭先過步初好晚貧

論坐

行動屬陽坐靜屬陰（水鏡集）坐如山據者貴（玉管訣）坐如釘石者富反身轉首入坐如狗不端不正貧薄之相搖膝者主財散（神相全篇）

論臥

臥安靜者主福壽如狗蟠為上相如龍曲者主貴愛側臥者吉壽少睡者神清而貴易覺者聰明喘息調均者壽長（神相全篇）睡後氣從耳出貴顯無疑（神眼經）睡而口開者短命眼開者惡死道路夢中咬牙者兵亂死語者賤（神相全篇）臥中切齒剋妻害子臥中大狂叫主遭惡人死臥中吹火少年主刑死老來不善終臥中嘆氣少非吉兆（袁柳莊相）臥中氣吼者愚而易死仰形如屍者苦夭合面覆臥主飢餓死就床便困主頑賤多輾轉性亂多睡者神濁而賤（神相全篇）老來多睡主死少年多睡主愚常人伏臥主死病人伏臥主生（柳莊相）難睡者愚頑出氣多入氣少者短命氣出嘘嘘即死若睡中輕搖未嘗安席者下相也（萬金相）

論食

虎食將帥之權猴食宰相之位（神相全篇）牛嚼福祿（五種龜）羊食尊榮鼠食餓死馬食賤貧（神相全篇）

食欲快而不留（神相全篇）欲詳而不欲暴啜不欲聲吞不欲鳴（張紫蕸）所以舉物欲徐而有序嚼物欲寬而有容下手欲緩發口欲急坐欲端莊首欲平正急而不暴遲而不緩應節者為貴含物不欲語嚼物不欲怒（神相全篇）食急易遲易瘦食少而肥者性寬食多而瘦者性怒（水鏡集）食急性暴（五總龜）食緩性和（神相全篇）仰首含物寒賤（水鏡集）如食而啄者貧窮（五總龜）斂口食純和口食不義食而食遷主終身窮苦食時哽咽作沃沃之聲主蹇滯（神相全篇）

論形

獸形多富禽形多貴龍形隱隱虎形步闊頭藏猴形睛圓黃耳鼻俱小頭小性快不定一時主財祿壽難言老後之兒兔形性癡多自怯眼正鼻露鳳形項長肩圓身直女得此亦貴牛形舌唇齊鼻大面長身闊注一世安逸有錢鳳形眼秀牛形睛圓此乃一陰一陽之大貴格也（柳莊相）

土形一瘦即死金形一肥難生水形忌嫌土剋金形準紅多迍似木不木難貴似金不金難榮似水不水反好似土不土安榮五行切忌犯剋生扶可以爲榮（同上）

金形人必端方眉目清秀耳正面方唇齒得配手端小而方腰腹圓正色白清氣者爲正金逢厚土足寶足珍而事隨心願準頭一陽不宜帶赤若土內埋金之相主多災難輕則破家重則死亡所忌火旺然氣濤色冷又宜微火爲寒金遇火煉方成大用金形帶木斲削方成初主蹇滯末主超羣金形要帶黃忌紅此氣色之生剋也金形爲義主方得其五方氣色不雜精神不亂動止規矩坐久而重也（神相全篇水鏡集合摘）

木形人必瘦直節堅目秀鬚清唇紅紋細體挺直腰瘦圓滿手紋細闊方爲梁棟頭面骨瘦鼻直目長肩背挺直色青者爲正如兼偏削枯薄浮肉浮筋露骨露頂者大忌木水相資富而且貴文學英華出塵之器木形宜帶些之火爲木火通明之象木形多金一身剝削父母早刑妻子不成英士赤金紅不宜所用些須帶金還是求名之客木形要青喜帶黑忌白此氣色之生剋也木形爲仁主長得其五長

氣色不雜精神不亂動止溫柔涉久而淸也（神相全篇水鏡柳莊合摘）

水形人必圓肥肉重骨輕黑潤面圓後看如伏面顴如仰腹圓臀圓指掌肥圓耳目口鼻皆兼肥圓者為正切忌氣粗色暗骨露肉浮皮白如粉倘色紅無髮皮骨肉冷皆主無子水得金生名利雙成留圓行方明達果毅水形遇土忽破家財疾苦連年終身迍邅形要黑喜兼白忌黃此氣色之生剋水形為智主圓得其五圓氣不雜精神不亂動止寬容行久而輕也（神相全篇水鏡柳柳合摘）

火形人必上尖下闊行動躁急面紅鬚少鼻目口齒皆露耳高尖反頭長而尖鬚赤而少聲音焦烈者為正主聰明氣色光彩紅潤發家極速但貴在武職富不能萬金火形少子如財星方高者可許一二火局遇目鳶肩騰上三十為卿功名蓋世火形水性兩不相並剋破妻兒錢則無剩火形忌水剋口大不宜火形要紅喜兼青忌黑此氣色之生剋也火形為禮主明得其五露氣色不雜精神不亂動止敦厚臥久而安也（神相全篇水鏡合摘）

土形人必厚重骨重肉實頭面厚大鼻準豐隆口闊唇厚頤豐腰背如龜聲重手足皆厚頭圓項短氣魄廣大色黃明者為正如肉薄骨露神昏色滯氣暗者乃土形不得土格土性不貧則賤矣土添離火戊巳丙丁愈煖愈佳其道生成土逢重木作事無成若非夭折家道伶仃土形要黃喜兼紅色青此氣色之生剋也土形為性厚得其五厚氣色不雜精神不亂動止敦龐處久而靜也（同上）

論富

富貴壽夭各類已詳形剋災死諸門俱載可不必重論矣然相士臨時猶恐模糊不決所以再撮其精微重贅數篇綱領以附

凡富相必形厚神安氣清聲揚眉闊耳厚唇紅鼻直面方背厚腰正皮滑腹垂牛齒鵝行等象設或頭皮寬大面黑身白鼻如懸胆或籤筒耳大貼肉聳三山聲如遠鐘背闊胸平腹大垂下者爲大富若三停平等五湖朝歸五長五短五露眼丹鳳聲似鍾者爲次皆財旺福厚之相也更有手背厚行立坐食端正及精神秀異舉止沉重者亦主富（神相全篇）

論貴

凡貴相必面白面粗手細面短眼長脚短身長小聲大不臭而香等象設或如虎頭燕頷日月角起伏犀貫頂口容拳舌至準眼有定睛虎步龍行雙鳳眼者爲大貴若鬚如鐵線耳白過面眼如點漆上長下短口如四字三十六牙者爲次更有小貴之相如天庭高聳地閣方圓溲珠便方齒白而大眉疎目秀口如弓角唇如硃紅等形

論壽

問壽七法如眉高長耳厚大年壽豐潤人中深闊齒堅固聲音遠震神足此外又有顴骨重貫耳項下有皮如條一條主壽雙條同妻偕老喉音高龜息顴骨相連入耳後骨高豐年壽不陷耳後骨豐起腦

後三玉枕如菓栗鼻梁隆起五嶽豐法令明眉有長毫額有橫骨面皮寬厚聲音淸響耳有長毫背厚胸闊此皆壽相也年高房事多亦主壽兼子貴（神相全篇柳莊相兼摘）

論夭

肉重無骨兩目無神耳低小精骨柔弱身長面短無神氣面皮繃急背負坑陷桃花面色面色如醉者皆夭相也（神相全篇）其有少年垂頭爲夭柱傾兩目至小無光不滿三十頭大頂尖皮乾四九之年鼻無梁三九之年雙目如泥二十五如何可過眉如鬬雞四十歲難免身亡羅計月孛交加三十防殞羅計日月交加三十左右爲僧不然卽夭身大聲不響三十外當心身肥氣不完四十外難過眼露鼻無梁三十八死髮黃如粗草三十八亡身因血火光明壽期四九髮長頭眼無神四九須防其有一面俱好而夭者必神不足精神太壯氣不勻不能長生（柳莊相）

長壽法

高味卿曰長壽有三法一曰放生二曰快樂三曰誦經觀善書云欲增己壽先須放生故長命得生長生長大此四者放生中來也（生字上犯者乃殺與傷）若欲夭爲壽禍轉福莫如戒殺放生如疑而不信可將慈心寶鑒萬善先資好生錄衞生集諸書細看便知也石天基拜求田老如何得此高壽老曰我法最簡最易但世人不肯心服心之願欲若欲滿足何能得遂只須自己假設境界則心中快樂

不已我自有假設三條云今則無災無病得此康寧即自以爲天上神仙快樂極矣今只蔬飯布服得此飽煖即自以爲玉食錦衣快樂極矣今只茅屋竹籬得此安住即自以爲蓬萊閬苑快樂極矣觀此三條即是滿心足意壽由此而延長福由此而加添病却身安得效最速（細詳在傳家寶）其誦金剛經壽至百餘歲者見信心錄三者得其一俱可長壽何必依相書而執斷耶

論形尅

左角偏損父右角損偏母（人論大統賦）二處有痕疤露齒結喉損父陰風重損母（神相全篇）父病日角暗重一明即死暗輕一明即生白如點雪即死黑若烟濛父傷及自身氣來紅潤旬日災輕月角青暗主母病青白赤色必刑傷紅輕赤重母方安明潤不滯母無病（柳莊相）凡刑剋兄弟必眉內多赤色白如粟米黃若白塵或準上一點白光或鬢內生暗色者是也（柳莊相）

凡剋妻必眉重壓眼山根限眉中有痣左目小眼尾紋及羅漢相判官刑三尖六削奸門深鬢多鼻小鬚長無索天倉陷等相（柳莊相）若左眼下角神光之位青色者主七旬內損妻子有黑子主離結喉露齒面如麵袋主剋妻害子魚尾枯陷剋頭妻羊紋一紋剋一妻二紋下低剋三妻眼尾三紋顴骨凸露山根橫紋華蓋骨重眼尾紋長魚尾枯山根痣斑麻俱主剋三妻天倉生所爲開庫紋剋五妻（柳莊相）凡妻妾有病部位看魚尾氣色在臥蠶妻看左妾看右青暗不死白潤不死紅紫即愈赤色有刑白如枯骨即死臥蠶生黑妻即死若奸門白臥蠶不黑決不刑傷妻妾（同上）

凡剋子如眼下淚痕人中斜側耳無輪廓山根折斷人中高尖有背無脊頭低步緩猴虎之聲等相若三陰三陽疤痕及紋痣鼻如界方鼻梁劍脊骨見地閣有虧陰氣太重主有女無男也（神相全篇）設或判官形羅漢形囘囘鼻子獅子鼻子眼陷成坑臥蠶低暗蠹肉生獨顴生面獨鼻孤峯眉疏鬢疎華蓋額華蓋眉頭大而尖頭尖額削睛黃髮赤面大鼻小乳頭白小乳頭不起額上三紋鼻上生紋口角紋多面色如粉陽上無毛陽毛逆生陽囊無紋光華白粉肉重如泥肉浮而輭肉滑如綿肉多骨弱血不華色面似橘皮中淺短一身無毛骨冷精寒全身肉冷皮血枯焦內官聲音太監形像蛇皮蛇眼雷公吹火馬面龍眼鼠目雉睛猢猻腮鷹腮蛇行骨圓三關無脈臀脈不起水形有髮木形有髮犯此一件者難言子息其有鬚分燕尾鬚直無索無鬚臥蠶低暗乳頭朝下蠹肉朝下眉毫翹上鬚多無髮一面縐紋眼下生毫犯此者主無子送終也（柳莊相）凡子女病須看臥蠶子看左女看右黑者主死臥蠶陰德明潤不妨枯者死黑黃者死靑重者生白起三陰三陽主剋子臥蠶雖黑奸門若明決不刑子（同上）

孤相如骨重眉交眉濃鬚髮厚冬天汗耳反華蓋重骨體羶聲如雷（即猪狗臭腋氣）地閣（小來虧）顴骨牛峯口角低眉如八字未到頭先進山根斷魚尾枯陷色帶桃花等象（神相全篇）老來髮轉黑生齒雖主壽然必剋子刑孫也此乃大孤獨之相（柳莊相）

高味卿曰刑剋大端惟剋子爲最重剋之不休必致絕嗣按絕嗣之由善書中載及淫室女者得絕嗣報若心正爲善不犯諸忌相雖已定亦可挽囘也細讀袁了凡立命篇便知

論災厄

山根赤七日之憂天羅紋在額上數十條防火災痣生眉毛終年必遭火災（神相全篇）倘焦髮赤髮眉散鬢禿火眼焦聲準頭赤裏黲黑眼泡上無有睫毛此五者亦主火危（大淸神鑑）又有火中傷命者如耳口鼻竅氣如烟煤冲出天倉地庫四門起霧不犯天誅必遭火死（萬金相）額上忽如塵汚五十日內防墜井亡名曰橫殃休廢眉間黑子初年水厄之憂口角黑黶末防水災魚尾中痣人中交紋皆主水厄（神相全篇）

年壽如泥耳生塵須防災疾又云自病看年歲三陰三陽命門（耳前）命宮（山根上）準頭見赤色主大病時災年壽靑三陽白肚腹之災年壽赤光膿血之災印堂明年壽暗下元之疾（柳莊相）

凡人斜視偸觀不正冷笑無情視上顧下妄說太急牙齒疎鼻尖毫出眼細視低口角高低步不勻走高低或橫縱者主詐口尖唇薄者多妄嘴鼻勻眉卓者多貪妄鷹嘴紅眼者貪而心毒此等之相如交朋友相逢者卽宜遠絕爲妙不然非災卽禍至矣（神相全篇）高味卿曰人之災厄雖相已定然易云積善之家必有餘慶積不善之家必有餘殃能味此者從善卽能轉禍爲福也

論死生（現色有死有不死其不死有治法者詳於內景類編四診察色內）

天庭黑山根靑竹色生兩耳髭髮如鐵條眼光流射出身死在三朝甲黑主十日棺材紋見朝病暮死

掌心一暗即刻亡身（永樂百問在柳莊相）凡病人死病氣色共七種如山根枯耳輪焦命門暗（忌春夏及成併）口角青及黃準頭深黑神泛精浮黑遶太陽等類若三陰三陽結黑肉陷無氣即無病其壽不久顴骨青大難來臨面色明亮忽然眼垂下視主死肉浮氣冷主重病乾韻主死一身血氣不光華一年之內皮血滯如泥不亮半載之間四壁如烟起赤光須防二七年壽三陽見赤色旬日身亡白發印堂黃發口一七殞命老人滿面黃光現七日難逃少者青來口角邊一月之數三陽如靛死期甚速準頭不潤無病也亡凡人氣色常暗一日光明死期至矣常明忽暗死亦至矣少年神散即死常人耳暗三年耳乾枯二年頭皮乾一年老即死少年耳乾暗主大窮敗中年耳枯主無運不可一例斷也又有氣色俱不明不暗皮肉一乾項皮一綯即死唇青舌黑如泥紫肝十病九死諸色有生獨喉上起一赤色或一黑色即死朝發暮死暮發朝死如掌心血明方言有救（俱柳莊）

卒死之相如赤脈貫睛眼如血睛黃眉卓如刀眉生逆毛鼻露梁面黑常怒者是也（神相全篇）倘行步筋不束骨脈不制肉起立傾倚若無手足爲鬼躁之相魂不守宅血不華色精爽烟浮容若槁木爲鬼幽之相此管輅斷鄧颺何晏速死之相也（三國志）

膜外无光膜內明徹準頭一明命門印堂一亮不日身安準頭嫩黃翠綠色現災厄遠退兩目神靜神安不日病痊年壽光明還須有救耳輪帶赤萬事无憂（柳莊相）設病人有眼（氣脫死）神氣天柱（目低項下死）正目活瘦而不枯悴（肥而光血死）有喜容色（悲啼死）正舌濡（舌短縮死）唇封而（閉口死）口閉神光（暗即死）黃明黑氣不擎（聚者）蓋黃紅如雲氣息（生氣短者

死）而生語聲潤（短泣死）嚮人中（干枯死）闊澤如此等象有一者俱主生也（神相全篇）小兒疾病看氣色在山根年壽次看命門口唇有靑色五日死有黃色三日死人中黑休望再活印堂亦難許退災天倉赤不是好色地閣黃主死無疑散光唇多靑黑即刻身亡倘命門人中白印堂黃天倉退赤口唇白旬日得生凡痲痘看耳尻耳輪耳珠宜明忌黑暗若頭一赤不得全生設痘症頭皮項皮一赤主十有九死也（柳莊相）

相分淸古秀怪端異嫩

淸者如漢高祖隆準龍顏唐太宗龍鳳之姿天日之表李珏月角庭珠是也古者如老子身如喬木孔子面如濛淇閎夭面如見膚是也秀者如張良美如婦人陳平潔如冠玉是也怪者是唐盧杞鬼貌靑色龍唇豹首趙方眼望地觀人鬼谷子露齒結喉是也端者如皋陶色如削瓜李白形自秀曜張飛環眼虎鬚是也異者如堯眉八彩舜目重瞳大禹三漏文王四乳倉聖四目李嶠龜息是也嫩者如顏淵山庭日角岑大夷眉過目肉不稱骨是也（神相全篇）

論女

南方婦貞額廣項平北方婦貞五嶽平正東婦貞潔瞻視柔順西婦貞潔神淸氣靜（識人賦）南婦淫赤脈貫睛北婦淫掠鬢斜行東婦淫笑不停西婦淫顴面不平（同上）面大婦人多不孝睛圓女子必妨姑面上忌痣天倉生痣主四十唇白壽夭又主無子又主病（柳莊相）唇

棠尅夫並傷長子（神相全篇）唇青無子兼促天年鼠牙刑夫尅子面黃好色貪歡唇紅多子（而尖）齒白（少子）多淫朝外主刑傷如朝內主孤獨下唇包上主口舌上唇包下爲雷公嘴主無子不賢（柳莊相）口小聰慧良智良（識人賦）頭圓主有好子面黑身白者主賤面斑身青者亦然女背若圓必嫁秀士（水鏡）頭低鼻小難作正妻（神相全篇）顴高手大骨粗能作生涯掌細紋主多子手起骨節一生辛苦又主賤（柳莊相）手如老薑身必貴（秋潭月論女人）女手竹竿鎗福祿至無疆（神相全篇）無指甲下賤多汗一生勞苦無汗無子汗香子貴汗濁子賤（柳莊相）總之性定終身成敗眼主貴賤鼻主夫星口管子息眉爲壽算細亦旺夫語主行爲也分貴賤然三從四德之賢能免五行（是極）十敗之惡也（神相全篇）

平素不與人爭競苦難中無怨言節飲食閒事不驚善能尊敬此爲四德主有貴子之榮若行步端正面體厚五官俱正三才相配不泛言語容貌嚴肅坐眠俱正此名七賢主夫明子秀（柳莊相）

富相如耳漫掌紅潤懸壁正目美性寬腮滿額闊人中長倉食滿蠶囊平四海倉俱滿蘭尉分明井竈平廚匱滿酒池地閣闊鵝鴨豐王霞明之類是也（靈臺祕訣）

貴相如威厚聲和耳厚白鬚烏潤眉削項長目神視正人中分明腮顴隱隱平平額圓耳白懸壁端正唇紅齒白骨肉相輔手纖鼻狹峻直等之類是也（靈臺祕訣）

貞相如瞻視分明剛柔有力觀壽隱顯有勢法令深目神澄黑白分明嬌而有威行緩步輕身正性柔耳厚額圓鼻直髮疎潤而光聲淸嚴而不散笑藏齒無肩有背眉如新月手似乾薑等之類是也（靈

臺秘訣）

惡相無口高露聲散髮黃鼻促竅露目深鼻曲骨橫鼻節面色黃髮粗體硬項短等之類是也（靈臺祕訣）然顴骨高於眼角上者亦主打夫（柳莊）

壽相如頦擁肉滿壽帶長人中深項顴有力目神黑白分明法令過口項有雙條腹垂皮寬耳漫年壽者此也（靈臺祕訣）

夭相如繩面頰高眉壓目人中短耳窄目神怒低頭晴無光口尖口邊黑齒露者是也（靈臺祕訣）

無子相如無眉（即不生子）不立聲破不立三十前發雙深陷鼻陷梁低雷公吹火臍小淺凸股肱無包髮不滿尺腰圓三圍乳頭不起肉浮血滯肉重如泥一面滯色　薄骨細肉多骨少三陽如墨無腹無臀面尖耳小有顴無腮地大天小形類男人唇（兼疾病）白舌青（目之黑白不分）陰陽混雜等類乃貧苦之格難言夫星與子息（柳莊相）然乳頭白人中平眼下無肉髮粗黃昂頭額高唇掀亦主無子（五總龜）

尅夫相如面長額長額方面大耳小耳反頭昂露臀面上毛重骨露身粗性剛捲髮露背髮焦頭尖唇缺紫唇掀白過上唇顴高起峯天中豎紋眼下肉枯眼下羅紋三拳面懸針紋山根斷男相額側露齒者是也又有男聲逆眉顴峯頭橫文理者此三夫不存之相也（神相全篇）若黃髮赤睛頁睛有旋螺額高面陷少年髮落骨硬皮急耳反無輪面滯如泥地閣偏斜項露骨節聲大如雷性急如火神濁氣粗天高地厚白氣如粉年壽起節肉冷如冰粗骨手大肩背偏斜眼大睛圓喉結齒大髮硬骨夜睡多

呼嘴如吹火鼻肉生毛骨起腮高命門背高如（色如粉）雲母面之類亦主刑傷也（柳莊相）賤相狠者多淫有七十二件如兩眼浮光桃花之面皮白如粉血不華色肉軟如棉皮滑如油面多斑點眼角低垂未語先笑搖手擺頭帶兩削面前兩陷面肉堆浮眼露白睛嘴唇自動口角生紋鵝行鴨步側目垂頭斜視偷覷自言自語豚蹻胸高腰細肩寒臍凸近下乳頭白下皮皺如紗面大鼻小額尖脚搖齒白如玉唇薄不厚唇青如靛一步三搖一語三斷笑若馬嘶語言泛雜頭大無髮鶴腿彎腰行如雀步談笑頻阻蹻臀無腮見人掩面身如風柳陰戶無毛獐頭鼠耳縮頭伸舌托腮咬指陰毛如草長眼圓睛齞齒弄衣嘆氣伸腰陰戶生下頭先過步回頭頻顧坐不安穩腿上生毛舌尖唇掀舉止癡迷站立偏斜額廣鬢深鼠齒鬼牙性情多變如馬換蹄長身短項鼻仰朝天眼閑眉蹙蛇行鼠餐項細眉寒指短腰偏飲食無盡無事自驚頭偏額窄背陷腹小睡夢長啼等象之類是也（柳莊相）然又有唇生黑子（五總龜）眼光口闊（神異賦）魚尾奸門黑子眉生雙豎人中兩曲眼中有痣遠口青紋面皮青桃花眼水眼者亦主淫相也（神相全篇）

論孕

妻孕看左奸門妾孕看右奸門次推臥蠶紅紫則為男顴骨紅亦生男準紅印紅亦主男婦人左耳厚時必生男婦人左青主男氣青唇黑準頭肉瘦手脚不浮生男婦人三陽微紅黃光潤澤者生男婦人臥蠶黃生女三陰三陽青生女面無紅色生女婦人右耳時生女右紅生女婦人氣重色黯脚浮生女

潤陰三陽清潤黃光者主生貴女孕婦掌中青紅生男黑白生女左脚先舉爲男右脚先舉爲女色明豔易生色枯稿難產面赤黑有產危面黃平安唇紅無產危如將產陰陽俱帶黑色晦滯全彩者主喜中有憂子母不全唇青主死若妊婦看命門天庭暗面多青光耳暗如濛唇青口角暗啞眼無神胎未女恐多產危之憂須要命門紅紫面目光彩耳有白光聲音清亮產必易而吉臨盆日近看右掌心明三紅主男青白主女暗主重難有損黃光重全母不全子白光全子黑暗青黃子母不全婦人人中雙黑子必雙生人中雙子生者黑紫凡胎在中腹或上或下夭胎或左或右爲壽胎貴者胎安賤者胎多動壽者母安夭者母病看產期孕婦印堂紅明主丙丁日生男準頭黃明主戊己日生男水星口角明主壬癸日生女雙顴明主甲乙日生男倉天下庫明主庚辛日生女生必難產是男不妨倘面上俱暗色不開還有幾日只待何處明方許臨盆忽然一明復一暗必然死（神相全篇與柳莊相同摘）

論小兒

兒之易養者初生叫聲連延主壽（管輅相）一連四五聲不換氣者大富啼叫聲動（麻衣）一大來有力自能動頭自能轉看人必貴耳硬必貴（柳莊相）額有旋毛早貴小高云有旋毛者妨父母（神相全篇）言遲者神定必爲重器（管輅）一主貴（神相全篇）耳後富貴骨名玉枕又名玉環骨高起者壽初生耳門大主福貴壽（同上）睛大而光衣食難量（管輅）聲響者壽好戲要目神有餘必富貴項下條條主壽而富八歲語響秀而不俗者主富貴（神相全篇）小兒腰闊主有常

壽（柳莊）陰如截筒者貴（大生要旨）陰囊皮緺堅實者主富貴（管輅）又有頭腦骨連神足神安氣厚氣寬色藏色秀髮靑髮翠骨紫骨月堅月香眉淸眉秀聲淸聲遠形厚血旺腹垂背厚唇紅齒瑩鼻直準圓不但易養並主富貴也（大淸神鑑）設或初生聲絕復揚者主夭髮希者主夭身上有汗者主夭肉色浮慢者夭軟如無骨者主夭頭成四破及啼聲散者皆不成人陰入如无者主夭小便如膏者主夭（管輅）膝小者主夭臍小而低者主夭陽物大主愚蠢肉緊面緊皮緊者皆主夭（神相全篇）行早坐早言早齒早皆不成人（管輅）行早即成人者主貧眼大露神者夭（神相全篇）顖骨不合者八歲防厄枕骨不成者能言而亡（管輅）玉環平者夭玉環陷如坑不夭（出目行天頂上）過八歲無（此骨在髮頂）輔弼主二七死語弱不好戲要爲神不足主多病不愛衣服行坐穢物語不淸者主貧賤口角常有涎爲奴婢囓齒主妨父母開口睡主難養（神相全篇）嬰女天庭高顴骨聳聲大睛大眉重性躁主妨母少兄弟又主破家（柳莊相）更有小兒難養日期如頭皮急耳後无根雙目無神无眉齒早肉重如泥骨少腹大肚小等七種皆主三歲而亡倘頭大項細面大無鼻梁睛如黑豆或圓如雞唇薄如紙聲大後小肉多骨軟穀道无紋此七種者乃主一歲中亡若眼如含淚髮黃又疎无腳根三者主二歲死頭尖又薄五歲防亡大凡小兒生齒一週內生者必奸週外生者大貴五六個月生者主夭倘上齒先生則主聰明又防尅母也（同上）

行相訣

察色觀神務欲避凶趨吉聽聲看格惟求後事先知書理精明何難決斷老成練達定不參差論有七

十三家豈宜棄一格有一十八省詎可不分（高味卿）形貌雖定當明心跡艱難氣色無常全在見情進退探吐情使用計圖謀利言談更阻須明世俗拿人（江湖切要）若欲名宏廣交益友不費微鈔那得大財（醫鏡）結黨徒能招富貴交僧道可以遠行學問不通難引高人入座爲人過吝斷無佳客爲朋意欲出門須交外友若易驗虧處先談怪性凶形善勸不言眞妙訣小人惡相能平內毒即經綸看下人不宜淺淡相婦女切莫輕浮貧苦饑寒相金隨伊力量士豪詐棍含糊亦是工夫來人不語爲詐爲虛答應含糊多更多變拿定本人之異性全在口峯捉牢邊鬼之須言非憑舌劍斷宜含蓄色有前後之不同語要溫和人有善凶之各別欲使外客近檯自在輕敲嚮賣若要詐徒遠避先將聲色驚人（張先生口述）大凡取衆之財只宜小求大得過分果然无益險難何必苦求（人事須知）爲人之道忍默一身受用處世之法謙和到處可行（傳家寶）相訣不多全相隨機應變略括其要須知偶反无窮人貌多端相法不一苟能細意研求自可預知貴賤

編號	書名	作者	備註
占筮類			
1	擲地金聲搜精秘訣	心一堂編	沈氏研易樓藏稀見易占秘鈔本
2	卜易拆字秘傳百日通	心一堂編	
3	易占陽宅六十四卦秘斷	心一堂編	火珠林占陽宅風水秘鈔本
星命類			
4	斗數宣微	【民國】王裁珊	民初最重要斗數著述之一；未刪改本
5	斗數觀測錄	【民國】王裁珊	失傳民初斗數重要著作
6	《地星會源》《斗數綱要》合刊	心一堂編	失傳的第三種飛星斗數
7	《斗數秘鈔》《紫微斗數之捷徑》合刊	心一堂編	珍稀「紫微斗數」舊鈔秘本
8	斗數演例	心一堂編	
9	紫微斗數全書（清初刻原本）	題【宋】陳希夷	斗數全書本來面目；有別於錯誤極多的坊本
10-12	鐵板神數（清刻足本）——附秘鈔密碼表	題【宋】邵雍	無錯漏原版秘鈔密碼表　首次公開！
13-15	蠢子數纏度	題【宋】邵雍	蠢子數連密碼表打破數百年秘傳　首次公開！
16-19	皇極數	題【宋】邵雍	清鈔孤本附起例及完整密碼表研究神數必讀！
20-21	邵夫子先天神數	題【宋】邵雍	附手鈔密碼表研究神數必讀！
22	八刻分經定數（密碼表）	題【宋】邵雍	皇極數另一版本；附手鈔密碼表
23	新命理探原	【民國】袁樹珊	子平命理必讀教科書！
24-25	袁氏命譜	【民國】袁樹珊	
26	韋氏命學講義	【民國】韋千里	民初二大命理家南袁北韋
27	千里命稿	【民國】韋千里	
28	精選命理約言	【民國】韋千里	北韋之命理經典
29	滴天髓闡微——附李雨田命理初學捷徑	【民國】袁樹珊、李雨田	命理經典未刪改足本
30	段氏白話命學綱要	【民國】段方	民初命理經典最淺白易懂
31	命理用神精華	【民國】王心田	學命理者之寶鏡

編號	書名	作者	說明
32	命學探驪集	【民國】張巢雲	發前人所未發　稀見民初子平命理著作
33	澹園命談	【民國】高澹園	
34	算命一讀通——鴻福齊天	【民國】不空居士、覺先居士合纂	
35	子平玄理	【民國】施惕君	
36	星命風水秘傳百日通	心一堂編	
37	命理大四字金前定	題【晉】鬼谷子王詡	源自元代算命術
38	命理斷語義理源深	心一堂編	稀見清代批命斷語及活套
39-40	文武星案	【明】陸位	失傳四百年《張果星宗》姊妹篇　千多星盤命例　研究命學必備
相術類			
41	新相人學講義	【民國】楊叔和	失傳民初白話文相術書
42	手相學淺說	【民國】黃龍	民初中西結合手相學經典
43	大清相法	心一堂編	重現失傳經典相書
44	相法易知	心一堂編	
45	相法秘傳百日通	心一堂編	
堪輿類			
46	靈城精義箋	【清】沈竹礽	沈氏玄空遺珍　玄空風水必讀
47	地理辨正抉要	【清】沈竹礽	
48	《玄空古義四種通釋》《地理疑義答問》合刊	沈瓞民	
49	《沈氏玄空吹虀室雜存》《玄空捷訣》合刊	【民國】申聽禪	
50	漢鏡齋堪輿小識	【民國】查國珍、沈瓞民	
51	堪輿一覽	【清】孫竹田	失傳已久的無常派玄空經典
52	章仲山挨星秘訣（修定版）	【清】章仲山	章仲山無常派玄空珍秘　門內秘本首次公開　沈竹礽等大師尋覓一生末得之珍本！
53	臨穴指南	【清】章仲山	
54	章仲山宅案附無常派玄空秘要	心一堂編	
55	地理辨正補	【清】朱小鶴	玄空六派蘇州派代表作
56	陽宅覺元氏新書	【清】元祝垚	簡易・有效・神驗之玄空陽宅法
57	地學鐵骨秘　附　吳師青藏命理大易數	【民國】吳師青	釋玄空廣東派地學之秘
58-61	四秘全書十二種（清刻原本）	【清】尹一勺	玄空湘楚派經典本來面目　有別於錯誤極多的坊本

62	地理辨正補註 附 元空秘旨 天元五歌 玄空精髓 心法秘訣等數種合刊	【民國】胡仲言	貫通易理、巒頭、三元、三合、天星、中醫
63	地理辨正自解	【清】李思白	公開玄空家「分率尺、工部尺、量天尺」之秘
64	許氏地理辨正釋義	【民國】許錦灝	民國易學名家黃元炳力薦
65	地理辨正天玉經內傳要訣圖解	【清】程懷榮	秘訣一語道破，圖文并茂
66	謝氏地理書	【民國】謝復	玄空體用兼備、深入淺出
67	論山水元運易理斷驗、三元氣運說附紫白訣等五種合刊	【宋】吳景鸞等	失傳古本《玄空秘旨》《紫白訣》
68	星卦奧義圖訣	【清】施安仁	
69	三元地學秘傳	【清】何文源	
70	三元玄空挨星四十八局圖說	心一堂編	三元玄空門內秘笈 清鈔孤本 過去均為必須守秘不能公開秘密 與今天流行飛星法不同
71	三元挨星秘訣仙傳	心一堂編	
72	三元地理正傳	心一堂編	
73	三元天心正運	心一堂編	
74	元空紫白陽宅秘旨	心一堂編	
75	玄空挨星秘圖 附 堪輿指迷	心一堂編	
76	姚氏地理辨正圖說 附 地理九星并挨星真訣全圖 秘傳河圖精義等數種合刊	【清】姚文田等	蓮池心法 玄空六法 門內秘鈔本首次公開
77	元空法鑑批點本——附 法鑑口授訣要、秘傳玄空三鑑奧義匯鈔 合刊	【清】曾懷玉等	
78	元空法鑑心法	【清】曾懷玉等	
79	曾懷玉增批蔣徒傳天玉經補註【新修訂版原（彩）色本】	【清】項木林、曾懷玉	
80	地理學新義	【民國】俞仁宇撰	
81	地理辨正揭隱（足本） 附連城派秘鈔口訣	【民國】王邈達	揭開連城派風水之秘
82	趙連城傳地理秘訣附雪庵和尚字字金	【明】趙連城	
83	趙連城秘傳楊公地理真訣	【明】趙連城	
84	地理法門全書	仗溪子、芝罘子	巒頭風水，內容簡核、深入淺出
85	地理方外別傳	【清】熙齋上人	巒頭形勢、「望氣」「鑑神」
86	地理輯要	【清】余鵬	集地理經典之精要
87	地理秘珍	【清】錫九氏	巒頭、三合天星，圖文並茂
88	《羅經舉要》附《附三合天機秘訣》	【清】賈長吉	清鈔孤本羅經、三合訣法圖解
89-90	嚴陵張九儀增釋地理琢玉斧巒	【清】張九儀	清初三合風水名家張九儀經典清刻原本！

編號	書名	作者	簡介
91	地學形勢摘要	心一堂編	形家秘鈔珍本
92	《平洋地理入門》《巒頭圖解》合刊	【清】盧崇台	平洋水法、形家秘本
93	《鑒水極玄經》《秘授水法》合刊	【唐】司馬頭陀、【清】鮑湘襟	千古之秘，不可妄傳匪人
94	平洋地理闡秘	心一堂編	雲間三元平洋形法秘鈔珍本
95	地經圖說	【清】余九皋	形勢理氣、精繪圖文
96	司馬頭陀地鉗	【唐】司馬頭陀	流傳極稀《地鉗》
97	欽天監地理醒世切要辨論	【清】欽天監	公開清代皇室御用風水真本
三式類			
98-99	大六壬尋源二種	【清】張純照	六壬入門、占課指南
100	六壬教科六壬鑰	【民國】蔣問天	由淺入深，首尾悉備
101	壬課總訣	心一堂編	過去術家不外傳的珍稀六壬術秘鈔本
102	六壬秘斷	心一堂編	
103	大六壬類闡	心一堂編	
104	六壬秘笈——韋千里占卜講義	【民國】韋千里	六壬入門必備
105	壬學述古	【民國】曹仁麟	依法占之，「無不神驗」
106	奇門揭要	心一堂編	集「法奇門」、「術奇門」精要
107	奇門行軍要略	【清】劉文瀾	條理清晰、簡明易用
108	奇門大宗直旨	劉毗	天下孤本　首次公開
109	奇門三奇干支神應	馮繼明	
110	奇門仙機	題【漢】張子房	虛白廬藏本《秘藏遁甲天機》
111	奇門心法秘纂	題【漢】韓信（淮陰侯）	奇門不傳之秘　應驗如神
112	奇門廬中闡秘	題【三國】諸葛武侯註	
選擇類			
113-114	儀度六壬選日要訣	【清】張九儀	清初三合風水名家張九儀擇日秘傳
115	天元選擇辨正	【清】一園主人	釋蔣大鴻天元選擇法
其他類			
116	述卜筮星相學	【民國】袁樹珊	民初二大命理家南袁北韋
117-120	中國歷代卜人傳	【民國】袁樹珊	南袁之術數經典